Aos olhos do
Pai

Publicações RBC

O QUE OS LEITORES ESTÃO DIZENDO SOBRE AOS OLHOS DO *Pai*

Em 18 anos coletando materiais para produzir programas cristãos para televisão, este é um dos melhores livros que eu li. Hoje, muitos editores cristãos estão simplesmente readaptando um modelo secular de beleza e sucesso e vendendo-o para mulheres cristãs. Regina aponta a falência desse modelo secular e conclama as mulheres a encontrarem a sua verdadeira imagem no espelho de Deus. Obrigada por este livro tão precioso. —*Ingrid J. Schlueter, Crosstalk Radio Talk Show*

Este livro transformou radicalmente a minha vida! Ele precisa permanecer na lista dos meus cinco livros favoritos, pois trouxe-me profunda cura ao coração. Deus o usou para revelar Sua Palavra e para romper fortalezas que persistiram em minha mente por uma década, mentiras do mundo, nas quais acreditei e me causaram tanta dor! Que Deus abençoe a Regina por escrever este livro. Ela é inteligente e articulada. Gostaria que todas as mulheres pudessem lê-lo. —*Perkins, via e-mail*

Todas as mulheres cristãs precisam conhecer esta mensagem sobre a verdadeira beleza. Estamos tão obcecadas com a beleza exterior e negligenciamos a beleza interior do nosso espírito e a presença do Espírito Santo. Costumávamos cantar um refrão: "Que a beleza de Cristo se veja em mim." Que isso seja verdade em nossas vidas. —*Sra. T.K. Schaffer, Orlando, Flórida, EUA*

Que pequeno tesouro é esse livro! Pretendo relê-lo e estudar com afinco as passagens bíblicas que você citou. Tenho três filhas jovens (10,12 e 14 anos) pelas quais eu sinto o peso do fardo nesta área, e também pelas jovens do grupo da juventude em nossa igreja. Fico entusiasmada em ajudar as jovens a compreenderem esta questão e a se libertarem da pressão exercida por nossa cultura. —*C. Fletcher, Orlando, Flórida, EUA*

Sou adolescente e tenho lutado com a beleza mundana. Graças ao seu livro, superei a imagem atual de beleza. Não me preocupo mais com o que os outros acham da minha aparência. —*A. Gentry, Newark, Delaware, EUA*

Após ficar internada no hospital por uma semana, me achava gorda e feia e que não precisava viver. Até que a colega de trabalho da minha mãe me presenteou o livro *Aos Olhos do Pai* de Regina Franklin. Pela primeira vez, percebi que outras pessoas também lutavam com os mesmos problemas que eu. Graças a esse livro, não desejo mais morrer. Tenho uma vida maravilhosa. Estou me preparando para o meu primeiro ano numa nova escola e me sinto feliz e confiante. Obrigada por este livro tão maravilhoso. —*Anônima*

Acabei de ler este belo livro! Vou emprestá-lo para a neta, de 19 anos, de uma das minhas alunas de faculdade e espero que ela goste dele tanto quanto eu. Ela está um pouco acima do peso e costuma se desvalorizar com frequência, comparando-se com algumas de suas amigas de aparência mais anoréxica. Eu acho que as curvas dela são muito bonitas, mas ela tende a discordar. O seu livro enfatiza a "beleza interior" que é a mais importante! Obrigada por seu livro! —*Anônima*

Aos olhos do *Pai*

NOSSA VERDADEIRA IMAGEM
NO ESPELHO DE DEUS

REGINA FRANKLIN

Who Calls Me Beautiful?
Copyright © 2004 Regina Franklin
Translated and Published by special arrangement with
Discovery House Publishers, 3000 Kraft Avenue SE,
Grand Rapids, Michigan, 49512 USA.

Tradução: Luciane T. Krauser
Revisão: Rita Rosário
Projeto gráfico: Audrey Novac Ribeiro
Foto da capa: Moça no parque, Leila Lis © Ministérios RBC

Dados Internacionais de Catalogação na Publicação (CIP)

Franklin, Regina

Aos Olhos do Pai; tradução de Luciane T. Krauser — Curitiba/PR Publicações RBC.

Título original: *Who Calls Me Beautiful?*
1. Vida cristã   2. Mulheres   3. Beleza Pessoal

Proibida a reprodução total ou parcial, sem prévia autorização, por escrito, da editora.
Todos os direitos reservados e protegidos pela Lei 9.610, de 19/02/1998.

Exceto quando indicado no texto, os trechos bíblicos mencionados são da edição Revista e Atualizada de João Ferreira de Almeida © 1993 Sociedade Bíblica do Brasil.

PUBLICAÇÕES RBC
Publicações RBC
Rua Nicarágua, 2128, Bacacheri, 82515-260, Curitiba/PR, Brasil
E-mail: vendas_brasil@rbc.org
Internet: www.publicacoesrbc.com.br • www.ministeriosrbc.org
Telefone: (41) 3257-4028

ISBN: 978-1-60485-119-9
Código: VC434

Impresso no Brasil • Printed in Brazil
11 12 13 / / 4 3 2

Para Scott –
Por ser um homem de Deus e
por enxergar a beleza de Deus em mim.

Sumário

1   A beleza mundana   13

2   Vozes externas   27

3   Vozes internas   41

4   Espelho, espelho meu   61

5   Ídolos e templos   75

6   Uma nova perspectiva   89

7   Meu corpo pós-parto   107

8   Uma figura modelo   125

9   Sobre a face   147

Notas   163

Um

A Beleza Mundana

Quando eu era criança, a pompa dos concursos de beleza me encantava com o seu glamour. Eu me imaginava dançando e cantando como as mulheres que via na tela da televisão e sonhava em ser uma delas.

Todas as meninas se imaginam como estrelas do seu próprio espetáculo, a princesa do seu próprio reino. Estes sonhos de infância habitam no profundo do nosso ser. Todavia, em algum momento aprendemos a diferenciar a realidade da ilusão.

Entretanto, por alguma razão, o mito da beleza permanece por muito tempo depois de passada a época da infância. Nosso fascínio pelo mito da bela princesa é especialmente problemático porque transforma uma simples descrição de personalidade num assunto dominante. A beleza física se torna a mensagem da história da vida ao invés de ser apenas um mero detalhe. Histórias sobre um amor tão forte, que faz um homem arriscar sua própria vida para salvar a amada, são reduzidas às histórias de donzelas que merecem ser resgatadas apenas devido à sua beleza excepcional. Certamente não é uma mensagem do destino. Certamente não é uma mensagem de esperança. Ainda assim, vivemos diariamente num mundo que nos diz que a beleza física impera no reino da cultura popular.

Ironicamente, as mulheres são capazes de enxergar e rejeitar a ilusão da perfeição moral dos anos 50 do século 20. Porém, quando se trata da ilusão da perfeição física, as mulheres anseiam alcançá-la, não importa quão inatingível ela seja.

Nossa admiração pelos artistas de Hollywood raramente tem a ver com a sua capacidade de representar. Presas ao glamour das estrelas desfilando pelo tapete vermelho, convencemo-nos de que a felicidade e o sucesso são recompensas exclusivas para aquelas que conquistaram a beleza.

Não importa se estou procurando as ofertas do dia, lendo o jornal ou pesquisando na internet, sou bombardeada por propagandas que carregam a promessa ardilosa de tornar-me mais magra, mais nova e melhor. De comerciais a seriados, os corpos magros dominam as ondas da televisão.

Em seu artigo "O que você vê é o que eu sou" o especialista em cultura jovem Walt Muller escreveu:

> Toda a nossa cultura — tanto crianças quanto adultos — está vivendo um estilo de vida que grita: "Eu sou o que pareço." Uma caminhada por qualquer shopping center confirma este

fato. Você já reparou quantos negócios, propagandas e itens mercadológicos são vendidos para melhorar a imagem e a aparência?[1]

Os produtos para o cabelo prometem dar mais movimento aos cachos ou remover os indesejáveis. Produtos dermatológicos prometem uma pele sem manchas quando ainda somos jovens e sem rugas quando envelhecermos. Somos obcecadas pela autoinsatisfação.

Enfrentamos diariamente o massacre de fotografias que retratam a perfeição sob um único ponto de vista. Gradativamente, as imagens se tornam nossa realidade. Esquecemos que as fotos foram criadas para vender produtos. Desejando a aceitação pelos que nos cercam, empreenderemos quantas medidas forem necessárias para ter a aparência que o mundo diz que precisamos ter. De dietas sem fim às cirurgias cosméticas e radicais, de cremes a comprimidos, de roupas a sapatos, continuamos tentando nos recriar conforme a imagem de perfeição do mundo. Incapazes de acabar com esta busca fútil, tornamo-nos como o homem no poema de Stephen Crane:

> *Eu vi um homem perseguindo o horizonte;*
> *Girava e girava à toa.*
> *Isto me perturbou;*
> *Aproximei-me do homem.*
> *"É tolice,"* murmurei,
> *"Você jamais poderá…"*

*"Você mente", gritou ele,
E continuou correndo.*[2]

O vazio emocional que persiste nos diz que somos mais do que apenas seres físicos. Insiste que o nosso valor vem de algo além da aparência física. Entretanto, a nossa incapacidade de satisfazer nossos anseios nos convence de que a promessa de algo a mais é uma mentira, e então continuamos correndo.

Mesmo se nos aproximarmos do padrão cultural de beleza, é provável que a definição mude. Em seu livro *O Resgate de Ofélia* a dra. Mary Pipher escreveu:

> A aparência ideal sempre teve importância, mas agora é mais difícil obtê-la [...] os padrões de beleza estão mais rigorosos. As misses dos concursos de beleza ficaram mais altas e magras ao longo dos anos. Em 1951, a miss Suécia tinha 1,70 m de altura e pesava 68 kg. Em 1983, a representante deste mesmo país, tinha 1,75 m de altura e pesava 49 kg. Enquanto as mulheres belas são mais magras, as mulheres comuns estão com um peso maior do que tinham na década de 50. Assim, a discrepância entre o real e o ideal é maior.[3]

Profundamente preocupada com a representação cultural das mulheres, Pipher também acredita que precisamos reconhecer o significado a que ela se refere usando o termo "estratagema" do padrão cultural de beleza:

O que é culturalmente aceito como belo só é alcançado com grandes estratagemas — montagem de fotos, ângulos de câmera e corpos compostos são necessários para conseguir as fotografias de belas mulheres que vemos agora. Até mesmo as estrelas não conseguem atingir nossos ideais culturais sem grandes custos.[4]

Patricia Heaton estrela coadjuvante do seriado cômico para TV — a sitcom *Everybody Loves Raymond* (Raymond e Companhia) interpreta o papel de uma dona de casa comum, Debra Barone. Entretanto, o corpo dela não é nada comum. Em entrevista com o escritor Alex Witchel, Heaton falou abertamente sobre a sua tão divulgada cirurgia plástica, que "incluiu uma redução de abdômen (muito necessária, diz ela, depois que os seus quatro filhos nasceram de cesariana) acompanhada de um levantamento de busto".

Na mesma entrevista, ao mencionar as várias cirurgias que fizera, Heaton tirou de sua bolsa uma sacola de plástico que continha a palavra "lanche", cheia de pílulas e cápsulas. "Ervas" ela disse: "algo que ajuda a metabolizar a gordura, e outro para suprir o apetite".[5]

Exemplificando a obsessão da mídia pela beleza artificial e parecendo justificar a escolha de Heaton, Witchel observou: "Ela realmente está com uma aparência maravilhosa, magra e turbinada."

Embora admita que a sua experiência não seja aquela da mulher comum, Heaton continua a perpetuar o ideal inatingível através da própria busca pela perfeição física. Enquanto isso, em seu papel na televisão ela continua a representar a dona de casa comum. Assim, a indústria do entretenimento envia mensagens contraditórias. Apesar de afirmar que retrata a mulher comum, ela apresenta a imagem cultural que se faz da mulher perfeita.

As mulheres se esforçam muito para moldar suas vidas com base naquilo que a cultura popular lhes diz que é belo e as mulheres cristãs não são exceção. Quando nos preocupamos com a aparência física, declaramos que os padrões de beleza do mundo são mais importantes do que os de Deus, e começamos a refletir os valores de um mundo do qual Jesus disse que não fazemos parte, apesar de permanecermos nele.

> "Não peço que os tires do mundo, e sim que os guardes do mal. Eles não são do mundo, como também eu não sou" (João 17:15-16).

No entanto, o que tem neste mundo, do qual não fazemos parte? As Escrituras dão a resposta: "Porque tudo que há no mundo, a concupiscência da carne, a concupiscência dos olhos e a soberba da vida, não procede do Pai, mas procede do mundo" (1 João 2:16).

A CONCUPISCÊNCIA DA CARNE

Folheie a maioria das revistas femininas e você verá que o enfoque da nossa sociedade está na carne — literal e figurativamente. Rostos e corpos femininos dominam as campanhas de marketing, promovendo tudo, desde carros até doces. A mensagem? Beleza é igual à satisfação.

Quando Eva olhou para o fruto que crescia na árvore do conhecimento do bem e do mal, ela viu que ela "era boa para se comer" (Gênesis 3:6). Apesar de Deus ter advertido que comer do fruto resultaria em destruição espiritual, Eva insistiu em satisfazer o desejo da sua carne.

Desde então, Satanás continua a colocar diante de nós o fruto ilusório da satisfação. Contudo, comer de tal fruto é romper a nossa comunhão com Deus, pois devemos viver por e nos satisfazer com *toda palavra que procede da boca de Deus* (Mateus 4:4b, formato em itálico acrescentado).

A CONCUPISCÊNCIA DOS OLHOS

O Novo Comentário Bíblico define concupiscência dos olhos como um "forte desejo por aquilo que é visto, pela forma externa das coisas. É a concupiscência pelo superficial".[6]

> Na segunda tentação, Satanás instigou Jesus a se jogar do pináculo do templo (Mateus 4:6) para testar a Escritura: "Porque aos seus anjos dará ordens a teu respeito [...] Eles te sustentarão nas suas mãos, para não tropeçares nalguma pedra" (Salmo 91:11-12).

Deus deu estas palavras como uma promessa de Sua provisão e proteção duradoura. Satanás, entretanto, queria que Jesus reivindicasse a promessa para favorecer os propósitos satânicos, ao invés dos divinos. A intenção dele era apropriar-se indevidamente da proteção divina; uma dádiva de Deus, e trazer glória para si mesmo.

De modo muito semelhante, Satanás quer usar os nossos corpos, que são presentes de Deus, para os seus propósitos, ao invés dos propósitos de Deus.

Vivemos em uma cultura visual — as imagens induzem reações. Quando nos esforçamos para alcançar os padrões de beleza do mundo, nossos corpos tornam-se imagens para evocar as reações desejadas dentro de nós mesmos e outros. Quando nos moldamos conforme a imagem mundana, tomamos o que Deus criou para ser um vaso da Sua glória e o utilizamos para glorificar-nos e satisfazer nosso desejo por admiração.

Esforços para ter um rosto e corpo bonito raramente são motivados pelo desejo de refletir com maior precisão o corpo de Cristo. Ao invés disso, eles têm raízes no desejo de nos tornarmos "agradáveis aos olhos" (Gênesis 3:6).

A beleza mundana é um meio para se atingir o fim, uma maneira de obter respostas positivas para nós mesmos, de alguém, além de Deus. Entretanto, tendo sido criados à imagem de Deus, devemos usar nossos corpos como um testemunho para o Seu reino.

A SOBERBA DA VIDA

Na terceira e última tentação, Satanás ofereceu a Jesus "todos os reinos do mundo e a glória deles" se Ele o adorasse (Mateus 4:8-9).

A oferta de Satanás para as mulheres é semelhante: "Prostre-se ao deus da beleza e eu te darei poder."

As mulheres desejam a beleza porque o mundo diz que ela traz poder e controle. Como garotas que acreditam nas ilusões dos concursos de beleza, acreditamos que as mulheres que têm uma aparência perfeita já alcançaram o poder sobre si mesmas e sobre os outros, um poder que todas nós queremos ter.

Todavia, acreditar que o mito da beleza nos dará poder não é nada mais que desejar "todos os reinos do mundo e a glória deles."

O poeta britânico do século 19 William Wordsworth, frustrado com a busca do materialismo em sua sociedade, escreveu um poema que também está ligado à nossa procura pela beleza de maneira independente:

> *O mundo está muito presente em nós;*
> *tarde e cedo,*
> *Obter e gastar, desperdiçamos nossos poderes:*
> *Na Natureza deixamos de perceber*
> *o que nos pertence.*
> *Já entregamos nossos corações,*
> *uma sórdida facilidade! (1-4).*[7]

Ao acreditarmos na definição mundana de beleza, também "já entregamos nossos corações".

Contudo, dentro de mim habita o insaciável e tenaz anseio por ser liberta do padrão mundano de beleza. A própria existência deste desejo confirma que há algo mais para quem eu sou, do que o ideal que estou perseguindo.

As garotas sonham e crescem. O anseio mais profundo do meu coração adulto é ser conhecida como uma mulher de Deus — para o meu marido, para meus filhos e para o mundo ao meu redor.

Além dos sonhos e ilusões da infância está aquele que me considera a menina dos Seus olhos. A voz dele jamais vacila, nunca cessa, mesmo quando continuo com as minhas brincadeiras infantis, mesmo quando continuo ouvindo outras vozes, além da dele.

Aos Olhos do Pai

Reflexão Pessoal

Quais as imagens de beleza que chamaram a sua atenção quando criança? Qual é a sua percepção destas imagens hoje?

O apóstolo Paulo escreveu: "Quando eu era menino, falava como menino, sentia como menino, pensava como menino; quando cheguei a ser homem, desisti das coisas próprias de menino" (1 Coríntios 13:11). De que maneiras você se prende a uma compreensão "infantil" de beleza?

Reflita sobre 1 João 2:16: "Porque tudo que há no mundo, a concupiscência da carne, a concupiscência dos olhos e a soberba da vida, não procede do Pai, mas procede do mundo."

A Concupiscência da Carne. Dê três exemplos de propagandas que usam o rosto ou o corpo de uma mulher para vender seus produtos. Quais são as promessas oferecidas por estes produtos? Sendo realista, até que ponto os produtos podem cumprir tais promessas?

Qual a mensagem comunicada aos homens através da utilização de mulheres em propagandas? Como estas imagens influenciam a maneira de pensar dos homens a respeito das mulheres e como eles se comportam em relação a elas? Quais os exemplos deste tipo de reação que você pode observar nos homens e mulheres que você conhece?

A Concupiscência dos Olhos. De que formas você usa o seu corpo para trazer glória ou afirmação para si mesma?
Por que você acha que as mulheres usam o seu corpo para provocar uma reação em outras pessoas?

A Soberba da Vida. Quais as mensagens que você tenta enviar aos outros através da sua aparência física? Como estas mensagens estão alinhadas com o que Deus diz sobre o seu corpo?

Liste três áreas de beleza física — conforme o padrão do mundo — que você acha que lhe faltam.

Analise aqueles três estereótipos de beleza à luz de Gênesis 3:6: "Vendo a mulher que a árvore era boa para se comer, agradável aos olhos e árvore desejável para dar entendimento, tomou-lhe do fruto e comeu e deu também ao marido, e ele comeu."

De que formas você acha que os estereótipos vão lhe trazer satisfação (ou seja, são "bons para se comer")?

De que maneiras os estereótipos ignoram ou distorcem o plano de Deus para o seu corpo (ou seja, "o que é agradável aos olhos")?

De que maneiras estes estereótipos promovem a ideia de que ser bela significa ter conhecimento e poder (ou seja, "tornam alguém sábio")?

Identifique um dos seus mais profundos anseios espirituais. A sua atitude em relação à própria beleza física e a busca pela beleza do mundo ajudam ou atrapalham na satisfação deste anseio?

Dois

Vozes Externas

No livro *The House on Mango Street* (A Casa na rua Mango), a autora Sandra Cisneros descreve a chegada do amadurecimento de uma garota. Esperanza, a protagonista da história, e as suas duas amigas fazem uma reflexão a respeito dos mistérios do mundo feminino, enquanto pulam corda. Repetindo o modelo que aprenderam com a sociedade, as garotas acreditam que a vida adulta chega com a maturidade física. Passando por mudanças em seus corpos, elas acham que o crescimento lhes trará as respostas para muitas questões e complexidades da vida. Na inocência infantil, Esperanza descreve os quadris de uma menina como "o desabrochar das rosas". Orientando as amigas sobre como balançar a corda para pular, Esperanza aconselha: "Nem muito rápido, nem muito devagar. Nem muito rápido, nem muito devagar," referindo-se inconscientemente, não apenas ao ritmo da corda, mas também ao ritmo de crescimento de uma menina. Enquanto continuam suas brincadeiras, ela e suas duas amigas cantam uma canção antecipando o surgimento dos quadris que em seu entendimento as tornarão mulheres:

> *Algumas são magras demais.*
> *Outras gordinhas demais.*
> *Ao sair do banho,*
> *Não me importa que tipo eu tenha.*
> *Só importa que eu tenha quadris.*[1]

Todavia, com o passar do tempo, Esperanza aprende que tornar-se fisicamente uma mulher traz mais complicações.

A adolescência é um período confuso, que transforma a vida. A maioria das mulheres recorda-se desses anos não em termos de quão belas se sentiam, mas como se achavam esquisitas e inseguras. Porém, a adolescência é também um momento fundamental, pois é quando a jovem define as suas percepções de beleza. Os conhecidos rituais de passagem, embora sejam ansiosamente aguardados, trazem mais questionamentos que respostas, e muitas vezes, deixam as garotas se perguntando quem são elas e a que lugar pertencem.

Meia-calça, sutiã, brincos de tarraxa e maquiagem. Criam as marcas da identidade feminina. Minha irmã e eu tivemos permissão para passar por um rito de passagem de cada vez — e somente quando os meus pais julgavam que era a hora certa, "nem muito rápido, nem muito devagar". O ímpeto do crescimento aumenta a cada ritual de passagem e meus pais controlavam com sabedoria o ritmo, para grande desapontamento meu e de minha irmã. Contudo, havia algo que os meus pais não podiam conter e controlar, era a maturação dos nossos corpos.

Quando eu era garota mal podia esperar para que meu corpo se desenvolvesse. Para mim, a chegada dos seios e quadris significaria que eu estava mais próxima da idade adulta. Porém durante a minha adolescência, muita coisa mudou, além do meu corpo.

Eu comecei a ouvir o apelo das vozes da família e dos amigos que sem saber faziam afirmações que influenciaram para sempre como eu me via. Nem todas as palavras foram ditas, mas compreendi até mesmo as palavras não-ditas.

AS VOZES DOS COLEGAS

Você se lembra do dia em que guardou os pertences da infância e foi em busca da mulher que estava a ponto de se tornar? Já não se contentava mais brincando com as bonecas Barbie, você queria ser a Barbie — a garota que podia conquistar o coração de qualquer jovem, que sabia o que queria da vida e sabia como conseguir isso, que sabia a coisa certa a dizer e fazer em qualquer situação, que sempre estava com uma bela aparência e sabia disso.

Alguma vez você já a encontrou?

Ela era só alguns anos mais velha do que eu, mas estávamos a anos-luz de distância uma da outra. Ela era tudo que eu queria ser — alta, loira, confiante e bela. Eu me encontrava querendo fazer desaparecer o meu eu: era baixa, esquisita e insegura. Ela era um modelo; eu sonhava em assemelhar-me a uma modelo. Eu sonhava em ganhar a sua *atenção*; eu sonhava em ser apenas parte do grupo. Ela conquistou o coração do garoto; ganhou a atenção dele. Ela era o centro do grupo. Ela nunca foi indelicada comigo; ela só era intocável.

Eu tinha 12 anos e a minha família tinha acabado de mudar-se de uma pequena cidade em Minnesota para um subúrbio, em Minneapolis onde meu pai assumira um novo cargo numa igreja diferente.

Com um profundo desejo de pertencer, rapidamente me envolvi com o grupo de jovens da igreja e procurei fazer as amizades que tanto desejava. Entretanto, encontrar o meu lugar foi muito mais difícil do que esperava. As brincadeiras da infância acabaram e os amigos partiram. Para complicar ainda mais a situação, eu estava entrando na adolescência.

Os grupos de jovens das igrejas podem ser um lugar de treinamento espiritual e cura; também podem ser um desafio para a autoestima de uma jovem.

Eu vi a maneira como as pessoas procuravam a bela adolescente e a maneira como o faziam, falava por si só. A esposa do pastor de jovens pedia-lhe conselhos sobre cabelo e maquiagem. Os garotos pareciam um rebanho ao lado dela, as outras garotas queriam ser como ela. A própria irmã dela chamava a si mesma de "a feia".

Contudo, o tempo e a distância são grandes professores. Quando relembro aquele tempo, desconfio que até mesmo a bela adolescente acreditava que não era linda o bastante.

A única coisa que ela e todas as outras garotas tinham em comum era o enxergar-se a si mesma como gorda demais, e, nunca totalmente adequada. Porém, aos 12 anos de idade, e até mesmo mais tarde aos 16, eu não compreendia que apesar da maneira como as coisas pareciam ser, a garota que eu considerava perfeita não tinha o mundo em suas mãos.

Ao invés disso, tentei ser como ela e ao fazê-lo, queria desaparecer.

Eu sabia que não atingia o padrão de beleza que todas as garotas tentavam alcançar e bem lá no fundo sabia que não precisava disso. Certo domingo após o culto me abri com a esposa do pastor de jovens. Chorando, disse-lhe que estava cansada de me sentir como se tivesse que chamar a mim mesma de gorda para me encaixar nos papos delas. Ela reconheceu a veracidade das minhas palavras; mas nem a vida dela nem a vida das garotas do grupo de jovens demonstrava qualquer mudança. Logo também comecei a enxergar-me como gorda.

As mudanças que um dia eu tão ansiosamente aguardara, tornaram-se a minha ruína. Eu odiava o meu corpo de adolescente, antes mesmo que ele terminasse de se desenvolver e tomei posse do mantra que marca tantas conversas entre as mulheres: "Sou tão gorda."

As vozes que ouvia, tornaram-se as minhas próprias.

AS VOZES DA FAMÍLIA

Quando eu chegava à varanda da casa da minha avó no início da minha adolescência, meu tio me cumprimentava dizendo: "Os seus quadris são largos o suficiente para arrastar um trailer." Dizer apenas um "Como tem passado?" não era o cumprimento adequado na minha família. Todas as vezes que visitava a minha avó ela dizia que meus quadris eram iguais aos seus. Para aliviar a ferroada, ela afirmava que seus quadris chamaram a atenção do meu avô. Todavia, enquanto a ouvia falar do próprio corpo, sabia que as palavras dela não eram elogios.

Em ambos os lados da minha família, as mulheres são bem dotadas. Em qualquer reunião de família podia ver a minha herança familiar e a futura herança nos seios e quadris ao meu redor. Na família do meu pai, os quadris são considerados mais como maldição do que sinal de feminilidade, pois geralmente são largos e "cheinhos demais".

Minha avó ainda faz comentários sobre meu corpo, toda vez que a visito. Em determinada ocasião, levei-a para fazer compras e fiquei com ela no setor de meias-calças da loja para ajudá-la a encontrar o que precisava. Enquanto escolhíamos o tamanho e a cor que queria, perguntou-me que tamanho de meia-calça eu usava. Quando eu lhe disse, ela me perguntou se eu realmente cabia naquele tamanho. Mais tarde, quando lhe disse que o tamanho que me dera não me servia, ela perguntou: "Por que, seus pés estão mais G-O-R-D-O-S?"

Quando minha irmã e eu a visitamos recentemente, levamos nossos violinos para ensaiar para um casamento que se aproximava e no qual iríamos tocar. Desde a morte do meu pai, minha irmã e eu nos sentíamos mais próximas dele ao tocarmos violino juntas. Nesta ocasião em particular, queríamos compartilhar essa experiência com a vovó.

Enquanto a minha irmã e eu estávamos em pé na casa onde o nosso pai passara a infância, sentimos saudades dele outra vez. Colocamos as partituras numa cadeira encostada na parede e começamos a tocar. Lembranças de papai passavam pelas nossas cabeças enquanto passávamos o arco pelas cordas. Quando terminamos de tocar, olhamos para a vovó esperando ver a aprovação do nosso pai em seus olhos. No entanto, vimos os seus gestos para mostrar o quanto nossos quadris tinham alargado.

Dizer que sinto profundas saudades do meu pai é o mesmo que dizer que a água do oceano tem um gosto um pouco salgado. Sem dúvida, ele foi uma das influências mais fortes na minha vida. Ele morreu de câncer um pouco antes de comemorar o seu quinquagésimo-primeiro aniversário. Ele era um homem que sabia como criar algo do nada. Desde nadar no "tanque" nos fundos da casa dele, a completar o PhD em teoria musical e composição, meu pai transformava as experiências mais simples em algo grandioso.

Sendo o filho caçula do pastor de uma pequena e remota cidade da região sul, meu pai sabia desde sua juventude que os seus sonhos ultrapassavam as fronteiras da Carolina do Norte. Então ele fez o que qualquer jovem americano faria quando tem o sonho de conhecer o mundo — alistou-se nas Forças Armadas. Sendo um músico talentoso, ele rapidamente encontrou o seu lugar na banda marcial da Aeronáutica.

Meu pai estava fugindo de Deus ao sair de casa, mas logo descobriu que Deus podia encontrá-lo até mesmo fora de sua cidade natal. Ele jamais teve a chance de viajar pelo mundo, porém descobriu um desejo maior e atendeu ao chamado de Deus para o ministério. Ele passou os 31 anos seguintes tecendo a tapeçaria da vida dele a partir das fibras de seus grandes amores — Deus, família, música e aprendizado.

Nada além de Deus pode preencher o vazio criado pela morte do meu pai. No entanto, quando começo a enfatizar a perda da presença dele, Deus me faz lembrar que devo levar em consideração a dádiva da vida dele. Ele me ensinou a maravilha de Deus e a maravilha do aprendizado e ensinou-me que ambas caminham de mãos dadas — amar a Deus é conhecê-lo mais.

Apesar das muitas conquistas do meu pai, ele sempre foi frustrado com a sua aparência física, especialmente seu peso. Ele viu a imagem do físico de um homem bem-sucedido na sociedade e se permitiu ser tolhido por esse padrão. Assim, ele perdeu de vista aquilo que fazia dele um homem verdadeiramente valoroso. Embora meu pai tenha sido um músico talentoso, um professor habilidoso e um homem digno de confiança, ele lutava para compreender o valor que lhe era inerente.

Ainda que as palavras raramente fossem ditas, ele, também, ouvia as "vozes externas" lhe dizendo que ele não parecia alguém que fazia parte de um ministério. Ao observar pastores titulares aprovarem homens que aparentavam ser bem-sucedidos e assistir à seleção dos funcionários com base na aparência física e não nas qualificações, meu pai ouvia a mensagem silenciosa, alta e clara. A imagem de um homem indica o valor dele, atrás do púlpito.

A autenticidade do meu pai atraía as pessoas até ele, mas ele sempre se desvalorizava pensando que as pessoas gostariam que ele fosse alguém diferente.

Uma das suas poucas inconsistências foi raramente exemplificar o que me dizia, sobre a relação entre conquistas e autoestima. A única coisa que meu pai esperava de mim era que fizesse o meu melhor. Deus realizaria grandes obras apesar das minhas fraquezas se eu apenas lhe dedicasse o melhor de mim. Contudo, eu não via esta filosofia refletida na percepção do meu pai sobre si mesmo. A sua admoestação "faça o que eu digo, mas não faça o que eu faço" era insuficiente para evitar que eu seguisse seu exemplo e me denegrisse.

Ideias negativas sobre si mesmo permeavam o discurso do meu pai e eu aprendi essa mesma autoavaliação depreciativa.

Meu pai ralhava comigo quando me apanhava depreciando-me, mas o comportamento dele inadvertidamente (da parte dele e da minha) se tornou uma parte de mim. Depois de tudo isso, como eu poderia considerar a minha aparência e as minhas conquistas aceitáveis, se o homem que eu mais admirava se considerava inaceitável?

Desde a época em que eu tinha idade suficiente para compreender o significado da palavra *dieta* eu ouvia essa palavra com frequência, porque ela fazia parte do vocabulário diário do meu pai. Por isso, cresci achando que iogurte, toranja (grapefruit) e cápsulas eram os pilares de qualquer programa bem-sucedido de perda de peso. E para cada novo programa de dieta, havia um novo conjunto de exercícios para seguir. Tênis especiais para a sua nova resolução de caminhar; sapatos especiais para boliche e uma sacola nova para prática da nova modalidade esportiva que ele esperava praticar; e a pequena cama elástica na qual minha irmã e eu gostávamos mais de pular, do que ele. A única coisa que durou mais que as dietas e os programas de exercícios do meu pai foi o seu desejo de emagrecer.

Também observei um elemento causador de problemas no relacionamento dos meus pais: meu pai esperava que a minha mãe fosse a guardiã da geladeira e, portanto, a guardiã do destino da dieta dele. Eu também me peguei procurando alguém para carregar o fardo do meu emagrecimento, alguém que não só me ajudaria a emagrecer, mas alguém que eu pudesse culpar quando me sentisse gorda.

Um dia enquanto meus pais conversavam sentados à mesa da cozinha, marchei firmemente para dentro do recinto e anunciei que queria que eles monitorassem a quantidade de batata frita que eu estava consumindo. Eu não estava acima do peso, nem os meus hábitos alimentares eram exagerados. Estava me sentindo feia e achava que não merecia ser amada, e queria que alguém me ajudasse a mudar a minha aparência externa, para que eu pudesse me amar por dentro.

Sabiamente, os meus pais se recusaram a fazer isso, e imediatamente desabei em lágrimas e disse-lhes que se eles não me ajudassem, talvez me tornasse bulímica ou anoréxica. Assim como meu pai, eu achava que controlar a minha alimentação produziria o corpo que desejava e o sentimento de satisfação pelo qual ansiava. E, como o meu pai, não entendia o principal.

Meu pai faleceu antes que eu começasse a compreender a verdade a respeito da minha autoimagem. Ele se sentiria profundamente angustiado ao saber quão intensamente as suas percepções sobre si mesmo me influenciaram. Ele achava que o seu comportamento afetava somente a ele. No entanto, um discurso que destrói o templo de uma pessoa cria uma atmosfera e todos que entram sentem sua influência.

Quais são as vozes externas que você ouve? Dos colegas de infância cujo escárnio ressoa em seus ouvidos muito tempo depois que você cresceu? Um pai ou uma mãe que jamais estavam satisfeitos e para os quais você nunca se sentia boa o suficiente? Um marido que raramente lhe diz que você é bonita e cujo silêncio ecoa nas paredes do seu coração?

Ao ouvir as vozes, buscamos maneiras de silenciá-las. A dieta que funciona, o programa perfeito de exercícios, um novo penteado, uma repaginada. Ainda assim, as vozes perduram algumas vezes tão altas, que mal podemos ouvir as verdades sobre nós mesmos.

Muitas vezes, fico imaginando porque meu pai não conseguia enxergar a incoerência da definição que o mundo dava para o valor de um homem e os seus próprios talentos dados por Deus. Quanto mais penso nesta questão, mais percebo que o ideal de Deus para a Sua criação nunca alcançará o do mundo — um se apoia no espírito do homem como chamado pela fé, pelo onisciente e soberano Criador do

Universo, enquanto o outro surge da manipulação e subsequente distorção do espírito do homem para satisfazer um padrão mundano temporário e efêmero.

Tal incoerência é facilmente ignorada quando acreditamos que se tão somente pudéssemos ajustar-nos à imagem da sociedade então tudo na vida se encaixaria. Porém, não existe um lugar de paz baseado nos padrões da sociedade. Pelo contrário, a ânsia por refletir a imagem da sociedade, nos deixa ainda mais famintas. Porque a nossa autoestima está arraigada em nosso espírito, o nosso anseio por saber quem somos em Cristo não pode ser saciado por inúmeras dietas e programas de exercícios na tentativa de reconstruir o nosso corpo. Uma busca como essa, deixaria as nossas necessidades espirituais insatisfeitas. Tal busca nunca silencia as vozes, ao invés disso, as vozes externas acabam se misturando às vozes internas.

Aos Olhos do Pai

Reflexão Pessoal

Quais os sentimentos que lhe vêm à mente quando você se lembra da sua adolescência? Você se sentia confiante a respeito da mulher que estava se tornando?

Quais os conceitos positivos que você formou sobre a feminilidade durante a adolescência? Quais as influências que ajudaram a moldar estes conceitos positivos?

Quando os sentimentos em relação ao seu corpo se tornaram negativos?

Qual foi o papel que a sua família desempenhou em moldar a sua autoestima? Seja específica na identificação da maneira como as palavras dos membros da sua família tiveram influência sobre você.

Que outras vozes tiveram impacto na forma como você se vê como mulher?

Volte ao anseio espiritual que você identificou na reflexão pessoal do primeiro capítulo (p.25). Como o fato de ouvir as vozes ao seu redor atrapalharam a satisfação deste anseio?

Separe um tempo para avaliar também as palavras que você diz. O que Mateus 12:36 diz sobre a responsabilidade por nossas palavras?

As Escrituras nos dizem que o poder da vida e da morte está na língua (Provérbios 18:21a). Ao compreender esta verdade, precisamos reconhecer que temos o poder de declarar vida ou morte para aqueles que estão ao nosso redor. Muitas vezes, as vozes que ouvimos influenciam muito mais do que nossas vidas; elas influenciam a vida de todos aqueles que tocamos quando reproduzimos os mesmos padrões negativos de discurso que crescemos ouvindo. Se o ato de fazer declarações negativas para, ou sobre os outros, é uma área com a qual você luta, peça ao Senhor que ponha um guarda em sua boca. Se estiver disposta a ouvir as orientações de Deus, Ele lhe dará a capacidade de começar a proferir palavras de vida para os que a cercam.

Uma das maneiras de levar as Escrituras, das nossas mentes ao nosso coração e às nossas vidas é saboreá-las, palavra por palavra. Saboreie as seguintes passagens bíblicas, escrevendo-as abaixo ou num caderno.

Provérbios 25:11:

Colossenses 4:6:

Três

Vozes internas

Escolha qualquer momento, em qualquer dia, e você conseguirá ouvir a cacofonia do mundo soando em seus ouvidos. É um milagre podermos nos ouvir, pense então, escutar a voz de Deus.

Surgem então as vozes com as quais lutamos até mesmo em nossos momentos de solidão. Estas são vozes internas, palavras que ouvimos percorrendo as nossas mentes num turbilhão sem fim.

Todas as mulheres as ouvem, porém a maioria delas sente-se incapaz de silenciá-las. Reconhecendo o poder das vozes interiores, Nicole Johnson, autora de *A Fresh Brewed Life* (Uma Vida Recém-Formada), escreveu:

> Estas vozes mantêm nossas almas aprisionadas no porão. Nos desencorajam a tentar algo novo,

ansiosas sobre o que os outros pensarão a nosso respeito e nos mantêm na rotina enfadonha do desempenho.[1]

Ouvimos estas mensagens e as obedecemos por tanto tempo que elas criaram raízes em nossos corações e se tornaram as palavras pelas quais vivemos. Palavras de inadequação, fracasso, feiura. São mentiras que conhecemos melhor que a verdade.

Ironicamente, quando sentimos o desejo inoportuno de conhecer a beleza além deste mundo, apressadamente sufocamos estes anseios para não criarmos uma tensão interna ainda maior. O resultado é que mascaramos os nossos verdadeiros desejos com um sentimento de pertença superficial.

As poesias de T. S. Elliot, pré e pós-conversão, são tão distintas quanto o dia e a noite. A *Canção de Amor* de J. Alfred Prufrock, um dos seus trabalhos pré-conversão mais famosos, retrata com habilidade o abatimento de um homem preso entre as vozes do mundo e as suas vozes interiores. Incapaz de libertar-se das expectativas da sociedade e sem mais nenhuma motivação para viver, Prufrock luta contra uma indecisão opressora. Enquanto as pessoas à sua volta desfrutam ociosamente do seu chá e das suas conversas, Prufrock contempla a pressão que sente para se tornar alguém diferente do que ele é. Em seu interminável diálogo interno, ele agoniza,

> *Haverá tempo, haverá tempo*
> *Para preparar a face que encontrará*

as faces que defrontas;
Haverá tempo para matar e criar.

Quando as vozes exteriores se tornam as vozes interiores, Prufrock acredita que deve-se "matar" a verdade de quem ele é para "criar" a si mesmo à imagem imposta pela sociedade.

A canção de amor de Prufrock é um apelo para ser conhecido por um mundo que o aprisiona à superficialidade. É um mundo que finge conhecer a vida enquanto definha em morte espiritual. Ao considerar esta existência mundana e sem sentido, Prufrock diz:

Pois eu já conheço todos, já os conheço
Conheci as manhãs, tardes, noitinhas,
Minha vida eu medi às colherinhas;
Sei das vozes morrendo em mortiço declínio
Sob música a soar numa sala distante.

Alguma coisa dentro dele sussurra que ele foi feito para algo além do isolamento e da rejeição. Entretanto, incapaz de descobrir o seu significado e valor fora da sociedade, não sobra nada para ele. Ele encerra a sua canção de amor cheia de lamento dizendo:

Coroados de castanhas algas pelas jovens
Do mar, nas câmaras do mar nos demoramos.
Despertos pela voz humana, nos afogamos.[2]

Sem esperança, Prufrock se afoga nas vozes de desespero dentro de sua própria mente com o único objetivo de voltar ao ensurdecedor vazio de vozes na sociedade que o cerca.

Assim como Prufrock, a mulher cristã ouve as vozes da sociedade e as vozes dentro do próprio coração e da sua mente. Todavia, ao contrário de Prufrock, ela sabe que o verdadeiro significado vem de alguém que está fora deste mundo. Ela sabe que encontramos a verdadeira vida em Cristo. Entretanto, muitas vezes, ela divide a vida em compartimentos. Ela pode aceitar a Cristo como justiça em relação ao seu pecado, porém é difícil para ela conceituar Cristo como sua beleza.

Ela vive com um coração dividido, acredita no perfeito amor de Cristo por ela e ainda assim sente o peso do fardo da sua incapacidade de amar a si mesma. Somando-se à sua frustração, ela teme ser a única mulher a enfrentar esta batalha, então tenta silenciar as vozes. A sua luta torna-se uma questão de orgulho espiritual — uma incapacidade de permitir que Cristo seja beleza suficiente para ela e uma falta de disposição para deixar que os outros percebam as suas inseguranças.

As mulheres aprendem cedo a jogar os jogos que escondem os seus próprios temores de fracasso e o sentimento de inadequação. As mulheres cristãs não são diferentes. Medindo as nossas vidas com "colherinhas de café," nos ocupamos com metas, conquistas e relacionamentos na tentativa de dominar o crescente aumento da insegurança. Temendo jamais encontrarmos a beleza que desejamos, ou corresponder às expectativas daqueles que admiramos, procuramos o bálsamo que vai remover o ferrão da autopunição.

Por muitos anos, acreditei que estava sozinha na minha batalha para amar-me e enxergar-me como linda aos olhos do Pai. As outras mulheres pareciam autossuficientes. Compartilhei muitos segredos com as minhas amigas, mas não falei sobre o sentimento de inadequação que me dominava. Falávamos sobre o nosso amor por Deus e pelas nossas famílias, porém não compartilhávamos o nosso temor de não conseguir aprender a nos amarmos individualmente.

Com o passar dos anos, ouvi mais de perto as vozes de outras mulheres e aprendi que não estou só nessa batalha.

Poucas pessoas sabiam da profunda insatisfação que sentia em relação a mim mesma enquanto crescia. Sempre aparentei ser uma jovem segura. Havia aprendido a enterrar os meus sentimentos negativos sob uma pilha de atividades e conquistas. Não conseguia compreender o meu valor inerente, por isso, valorizei uma longa lista de atividades no clube e conquistas acadêmicas. Quando as vozes me diziam que jamais seria bela, respondia à ladainha de acusações com a minha própria ladainha de conquistas.

As grandes conquistas definiam quem eu era e o fracasso era um risco que eu não podia correr. Não conseguia separar o que fazia de quem eu era, falhar no que fazia significava fracassar em quem eu era. Raramente tentava fazer algo sem a garantia de algum sucesso. Como a maioria das pessoas, temia a crítica alheia, mas eu mesma era a minha pior crítica. Tinha medo que a opinião dos outros confirmasse aquilo que acreditava a meu respeito.

AOS OLHOS DO *Pai*

Após me formar no ensino médio, saí de casa para ingressar na faculdade. Apesar do meu desejo de deixar para trás as vozes familiares, elas viajaram comigo.

A faculdade era muito diferente do ensino médio. No ensino médio eu recebia uma resposta de avaliação para cada tarefa, teste, prova ou trabalho escrito. Na faculdade as tarefas de casa envolviam um grande volume de leituras. Os testes eram quase inexistentes; as provas e trabalhos eram passados no transcorrer do semestre e às vezes não eram devolvidos. No primeiro mês batalhei para encontrar o meu rumo. Sabia que as minhas notas tinham sido importantes para mim, mas percebi que isso acontece, até não tê-las disponíveis para medir minhas conquistas. Percebi então, o quanto elas significavam para mim. Não tinha notado que havia feito das minhas notas e conquistas, um resumo de quem eu era. Ao invés de prestar atenção a esta verdade ao me deparar com ela, tentei silenciá-la ainda mais.

As atividades tornaram-se mais importantes do que nunca. Associei-me a diversos grupos e almejava posições de liderança no campus. As vozes, porém, sempre me acompanhavam. Para controlar e cortar o seu longo discurso crítico, passei mais tempo concentrando-me no que comia e nos exercícios físicos. Embora estas buscas não estivessem erradas, minha motivação estava. Eu estava insatisfeita com quem era, e tentava encontrar meu valor em outras coisas além de Deus. As minhas atitudes eram motivadas pelo desejo de satisfazer aos outros, e não a Deus.

Quanto mais tentamos silenciar as vozes da sociedade, encontrando significado em elementos transitórios, mais alto nossas vozes interiores gritam dizendo que não temos valor. Eu sabia que deveria encontrar o meu valor em Deus, e mesmo em meio às minhas batalhas interiores sabia que Deus é fiel. Entretanto, a luta contra a tensão permanente entre o meu desejo de conhecer mais a Deus e o meu desejo pela aprovação alheia, era sempre constante.

Mais importante, tinha dificuldade para transferir o que Deus pensava a meu respeito para o que eu pensava sobre mim mesma. Eu me agarrei às palavras do profeta Jeremias: "Eu é que sei que pensamentos tenho a vosso respeito, diz o Senhor; pensamentos de paz e não de mal, para vos dar o fim que desejais. Então, me invocareis, passareis a orar a mim, e eu vos ouvirei. Buscar-me-eis e me achareis quando me buscardes de todo o vosso coração" (Jeremias 29:11-13).

Eu desejava a vontade de Deus para minha vida; só não compreendia que o plano de Deus para mim envolvia aceitar-me como Ele me criara, e desistir de encontrar a paz fora de mim.

Quando conquistasse confiança na minha aparência, a garantia de sucesso e a aprovação dos outros, achei que então saberia qual era a vontade de Deus para minha vida.

Quando as atividades me deixaram com anseios ainda insatisfeitos, convenci-me de que quando encontrasse a minha alma gêmea — aquele com quem Deus gostaria que eu passasse o meu futuro — encontraria a tão desejada paz e o amor-próprio. Ter alguém que me amasse e me procurasse me provaria que eu tinha valor. Com certeza nesse momento, eu compreenderia a profundidade dos pensamentos e sentimentos de Deus por mim.

Toda jovem anseia pelo dia em que encontrará o seu cavaleiro em armadura reluzente. Como estava constantemente envolvida na leitura do eterno romance de *Ana dos Cabelos Ruivos*, não precisava de nenhum incentivo, para esperar pelo homem que seria o meu Gilberto. O romantismo dos tempos de escola acende os nossos sonhos e esperanças para o futuro, mas se levado ao extremo, este tipo de romantismo pode ser ilusório. Do ponto de vista de uma garota de colégio, a história termina quando a jovem e o seu cavaleiro se casam e vivem felizes para sempre. Contudo, algumas vezes os perigos das batalhas perseguem os amantes até ao momento de correr em direção ao pôr-do-sol. Às vezes, o cavaleiro não consegue salvar a donzela.

Quando conheci Scott, o homem que um dia seria o meu esposo, encontrei um homem devoto a quem amava e cuja opinião verdadeiramente valorizava. No entanto, nas profundezas do meu coração havia lacunas que Scott não podia preencher. As minhas inseguranças não foram curadas quando ele me pediu em casamento, nem quando subimos ao altar e fizemos os nossos votos.

O casamento não dissipa os receios pessoais. Se existe algo que ele aumenta são as inseguranças mal-resolvidas. As batalhas são inevitáveis e a sua chegada revela a condição de nossos corações. Não podemos mais nos esconder atrás das portas com placas de "particular". O casamento como deve ser, nos torna vulneráveis, até mesmo nas áreas que fingimos não existirem. As vozes que com tanta eficiência sufoquei durante o namoro começaram a gritar antes mesmo de voltarmos para casa após a nossa lua-de-mel.

Como muitos recém-casados, achava que ser casada era como namorar, só que melhor. Não compreendia que o namoro é fragmentado. Eu estava envolvida com os estudos, ele estava envolvido com o ministério e o nosso tempo juntos era o nosso próprio mundinho. Todavia, no casamento nos descobrimos distraídos por pequenas coisas. Durante o namoro sempre nos comunicamos muito bem, mas no casamento percebemos que tínhamos ainda muito que aprender. Por muitas vezes, eu deixei que as minhas próprias suposições preenchessem as lacunas que não compreendia a respeito de Scott. Com cada desentendimento, as vozes se tornavam mais altas e as minhas inseguranças se tornavam maiores.

Aguardei ansiosamente pelo dia em que Scott e eu nos conheceríamos intimamente, porém não esperava pelas nuances de falhas de comunicação que o sexo pode trazer para um relacionamento. A ideia de que o ato sexual equivale ao amor é um mito difícil de quebrar mesmo quando sabemos que ele é falso. Sem querer, comecei a usar os aspectos físicos da nossa relação para julgar como o meu marido me valorizava. Quando ele estava cansado ou estressado demais para ter intimidade física, eu perdia a oportunidade de ampliar a minha compreensão do amor. Pelo contrário, ouvia vozes que me diziam que se eu fosse mais magra, ele me desejaria, independentemente, de qualquer outro sentimento que estivesse experimentando.

Até mesmo a forma como ele gastava o seu tempo se tornou uma medida do meu amor-próprio. Se eu achasse que não estávamos passando tempo suficiente juntos, concluía que não era suficientemente bonita. Porque as minhas inseguranças bloqueavam a verdadeira natureza do conflito, trabalhar por uma solução era impossível. As minhas questões de autoestima, e não o meu Criador, estavam controlando o meu relacionamento com o meu marido.

A ironia destas vozes é que a voz do meu marido jamais parou de me dizer que eu era bonita ou que ele me amava. Eu simplesmente não o escutava. Mais precisamente, eu estava optando por não acreditar nele. Meu casamento, embora fosse uma das maiores dádivas de Deus para mim, não silenciou as vozes por que minhas inseguranças eram mais profundas do que meu relacionamento com meu marido. Elas passaram do âmago de quem eu era — para o meu relacionamento com Cristo.

Eu sabia na minha cabeça, mas não no meu coração, que a minha beleza e valor são encontrados em Cristo. Porque eu valorizava a beleza mundana, acreditava que meu valor estava na beleza deste mundo e por que meus valores baseavam-se nos padrões mundanos, esperava que os outros determinassem o meu valor da mesma forma.

Quando me associei a um programa de perda de peso com embasamento cristão, achei que havia encontrado a resposta. Conseguiria silenciar as vozes encontrando o corpo que sempre desejei — e estaria buscando a Deus no processo. A minha motivação, entretanto, estava errada. Estava me associando ao programa não para me tornar saudável, mas para emagrecer. Não estava buscando a Deus para que Ele criasse um novo coração dentro de mim; estava entregando a Deus a minha perda de peso para que Ele criasse uma nova aparência externa para a minha pessoa para que eu pudesse habitar nela.

Havia encontrado uma forma de sufocar as vozes, mas ainda assim elas não se calavam. Quando olhava no espelho e ouvia: *eu estou tão gorda,* seguia o programa com mais afinco e lutava contra as vozes usando a minha tabela de controle de peso. Quando olhava no espelho e ouvia: *ninguém me acha bonita,* repetia todos os elogios que tinha ouvido os outros fazerem sobre o meu emagrecimento. Quando olhava no espelho e ouvia: *eu jamais serei como as outras mulheres,* contemplava a calça de tamanho menor que agora me servia.

Todavia, na verdade não estava derrotando as vozes. Eu as alimentava. Enquanto estivesse perdendo peso, eu poderia me aceitar. O meu valor ainda se resumia à minha aparência externa. A única diferença é que havia feito do emagrecimento uma disciplina espiritual. Comecei até mesmo a equiparar ser magra, com ser espiritual.

Após 13 semanas participando do programa, havia perdido quase 10 kg. Nunca me sentira tão bem comigo mesma. Desde a chegada da puberdade jamais tinha sido tão magra. Eu não apenas me sentia no controle do meu peso, me sentia no controle da minha espiritualidade. Buscar a Deus havia se tornado algo semelhante a seguir uma receita. Comer galinha frita era pecaminoso ao passo que comer verduras cruas agradava a Deus. Da mesma forma, quanto mais me exercitava, mais espiritual me sentia. Acreditava que porque estava insatisfeita comigo mesma, Deus estava aborrecido comigo. Acreditava que minha dor e insegurança eram consequências de não ser a pessoa magra que Deus gostaria que eu fosse. Agora que tinha emagrecido, poderia começar a agradar a Deus. Porém, a minha satisfação estava presa por uma linha muito tênue.

Quando atingi a minha meta de peso, iniciei a etapa de manutenção do programa. Como havia me acostumado a um controle rígido na alimentação, não tinha certeza de como deveria proceder para reintroduzir certos tipos de alimento em minha dieta. O meu maior medo era recuperar o peso que tinha trabalhado tão duro para perder. Quando comecei a engordar novamente, minha autoestima não foi a única parte atingida. Acreditava que tanto o programa quanto eu tínhamos fracassado, mas Deus também tinha falhado.

Tinha pedido a Deus para transformar a minha aparência, para me ajudar a fazer a dieta, para me ajudar a praticar os exercícios todos os dias, para me ajudar a encontrar as roupas certas, para fazer de mim qualquer pessoa, menos eu. Contudo, em todos os meus pedidos por soluções para as minhas inseguranças, eu jamais tinha pedido a Ele para mudar o meu coração. Até uma tarde de domingo.

Estava chegando a casa após o culto, fui até o quarto e cai na cama, vestida do jeito que estava. Tinha chegado ao fundo do poço. Me sentia quebrada e emocionalmente exausta, comecei a chorar. Implorei a Deus que me transformasse. Declarando em voz alta pela primeira vez estas palavras, disse a Deus que detestava meu corpo e me odiava. Entretanto, não queria continuar me odiando e não desejava mais continuar perseguindo a imagem sombria de beleza que o mundo me oferecia. Naquele dia eu parei de pedir a Deus que me fizesse ser magra e bonita. Ao invés disso, pedi a Deus que me ensinasse a compreender a beleza que Ele vê em mim. Aquelas palavras simples iniciaram uma jornada — uma jornada para compreender a inestimável beleza que vem do coração daquele que pagou o preço com a Sua vida.

A minha batalha contra as vozes interiores me ensinou que eu preciso encontrar o meu valor naquele que realmente me valoriza.

Estar cercada de realizações e conquistas não me convencerá do meu valor, procurar o amor alheio não irá me convencer do meu valor e modificar a minha aparência também não me convencerá do meu valor.

As vozes interiores florescem sobre as fraquezas. Porém, uma mensagem mais profunda está esperando para ser ouvida: *Nós fomos criadas para algo mais.* Ao contrário do que as vozes nos dizem, não podemos nos tornar algo além daquilo que não somos. Deus deve ser a nossa força, e o Seu poder se aperfeiçoa em nossa fraqueza (2 Coríntios 12:9).

Em nossa luta contra as vozes interiores e exteriores, precisamos reconhecer quatro verdades importantes.

Primeiro, temos que permitir que as palavras que ouvimos das outras pessoas sejam filtradas pelas Escrituras, que indicam quais pensamentos devemos internalizar:

> "Finalmente, irmãos, tudo o que é verdadeiro, tudo o que é respeitável, tudo o que é justo, tudo o que é puro, tudo o que é amável, tudo o que é de boa fama, se alguma virtude há e se algum louvor existe, seja isso o que ocupe o vosso pensamento" (Filipenses 4:8).

As críticas construtivas têm o seu lugar, mas as acusações de fracasso e inadequação não o têm. Quando ouvimos o que os outros dizem sobre nós e sobre si mesmos, precisamos determinar se a repetição desses comentários vai fortalecer ou abalar o nosso entendimento de quem somos em Cristo. Ouvi-los é uma escolha; é dar atenção às informações. Ouvimos palavras de fracasso em nossas mentes, porque de modo consciente escolhemos ouvi-las.

Segundo, precisamos mudar a maneira que falamos sobre nós mesmos. Talvez estejamos tentando fisgar alguns elogios, talvez acreditemos de verdade no que dizemos, ou talvez achemos que se nos machucarmos primeiro, então as palavras alheias não nos ferirão tanto. Ou quem sabe os comentários negativos sejam uma tentativa frustrada de demonstrar humildade. Achamos que fazer declarações negativas a nosso respeito vai evitar que nos tornemos orgulhosas e, portanto, espirituais.

Seja qual for o motivo, o resultado é o mesmo. Quando nos ridicularizamos, amaldiçoamos a criação divina. Essencialmente dizemos a Deus: "Eu sei que o Senhor chamou isso de bom, mas não creio que seja bom o suficiente." Como podemos afirmar que louvamos e adoramos a Deus e com a mesma boca amaldiçoar a Sua criação? As Escrituras dizem: "As palavras dos meus lábios e o meditar do meu coração sejam agradáveis na tua presença, Senhor, rocha minha e redentor meu!" (Salmo 19:14) e Jesus ensinou: "porque a boca fala do que está cheio o coração" (Lucas 6:45). Palavras que denigrem revelam um problema de coração. Nosso coração está ouvindo aquele que tira a vida e não o Doador da vida.

Terceiro, precisamos aprender a identificar as palavras ditas por aquele que procura destruir as nossas almas. Satanás é mentiroso. Sabemos que ele vem somente para "roubar, matar e destruir" (João 10:10). O engano está na essência do seu ser e, portanto, tudo que ele diz não contém a verdade. Podemos identificar as suas palavras quando as escutamos — ele fala palavras de rejeição, ódio, fracasso e insatisfação.

"Eu jamais vou alcançar esse nível."

"Eu jamais poderei ser bonita."

"Eu sou a soma dos meus fracassos."

"Se eu fosse mais magra, seria mais feliz."

"Se eu fosse mais bonita, as pessoas me amariam."

"Não sou boa em nada."

"Eu sou tão feia."

"Eu preciso mudar a minha aparência."

"Se eu tivesse roupas novas, estaria satisfeita com a minha aparência."

"Eu estou tão gorda."

Tudo mentira. Palavras de morte, não de vida. Se ele conseguir nos convencer de que não temos valor, ele pode nos imobilizar e nos impedir de cumprir o plano de Deus para as nossas vidas. Devido ao medo de rejeição, não nos aproximaremos dos outros. Vamos chafurdar na autopunição. Por causa do medo de falhar, não corremos atrás dos nossos sonhos. Vamos nos afundar na insatisfação.

O apelo das vozes ressoa em nossas mentes, enquanto corajosamente colamos sorrisos em nossos rostos. Silenciosamente, dizemos para nós mesmas que devemos viver com as vozes, fingir que estamos em paz e temos a autoconfiança que tanto ansiamos e que escorre pelos nossos dedos com cada palavra de autodepreciação. E então as vozes se tornam mais malévolas.

"Se Deus realmente se importasse, Ele não faria com que você tivesse esta aparência."

"Se você não consegue acreditar que Deus a ama do jeito que é, o Seu amor não deve ser verdadeiro."

"Se você fosse realmente espiritual, não estaria lutando para gostar de si mesma."

Mentiras. Tudo mentira. Quando as chamamos pelo que realmente são, elas perdem o seu poder e a verdade se torna mais clara. A beleza verdadeiramente existe, e Deus espera por nós com amor paciente.

Finalmente, precisamos ouvir o que Deus tem a dizer sobre nós.

> *"Antes da fundação do mundo, eu te conhecia. Sabia de que cor seriam os teus olhos, e podia ouvir o som da tua risada. Como um pai orgulhoso que carrega a fotografia da filha, eu carreguei a tua imagem em meus olhos, pois tu foste criada à minha imagem. Antes da fundação do mundo, eu te escolhi. Declarei o teu nome nos céus e sorri enquanto a melodia ecoava nas paredes do meu coração.*
>
> *Tu és minha. O meu amor por ti se estende mais longe que as estrelas no céu e é mais profundo que qualquer oceano. Tu és minha pérola de grande valor, aquela por quem eu dei tudo. Eu te embalo na palma da minha mão. Eu te amo mesmo diante dos teus fracassos. Nada do que dizes ou fazes pode me fazer deixar de te amar. Eu sou incansável na minha busca por ti. Fuja de mim — eu te amarei. Rejeita-te a ti mesma — eu te amarei. Rejeite-me e eu te amarei. Percebes o meu amor por ti que foi violentamente assassinado antes da fundação do mundo e jamais me arrependi do sacrifício que fiz por ti no Calvário.*
>
> *Quando vejo cada parte do que tu és, fico maravilhado com a obra das minhas mãos,*

pois sussurrei palavras de anseio e desejo e vieste à existência. Tu és bela e eu me comprazo em ti — corpo, alma e coração. Tu és o meu desejo. Quando viras o rosto envergonhada e desprezas o que fiz, ainda assim eu te alcanço com uma paixão suave. Tu és minha amada e eu sou teu" (Adaptação da autora baseada em 1 João 3:2; Isaías 43:1; Mateus 13:46; Efésios 1:4; Apocalipse 13:8; Salmo 149:4; Cantares de Salomão 6:3; 7:10).

Deus anseia para que conheçamos a Sua beleza, mas precisamos escolher como reagir às vozes que ouvimos.

As vozes exteriores e interiores distorcem a realidade. Ouvir a voz de Deus acima das injúrias destrutivas é uma batalha constante. Pode ser que jamais silenciemos as vozes, porém podemos escolher se elas definirão ou não quem somos.

Deus continua esperando para nos guiar numa jornada, para conhecer a verdadeira beleza, uma jornada que começa escutando cuidadosamente o Seu coração e contemplando o espelho da Sua Palavra.

Aos Olhos do Pai
Reflexão Pessoal

1. Através das Escrituras filtre as palavras que você ouve dos outros.

Reflita sobre as "vozes externas" que influenciam a sua percepção sobre si mesma. Pode ser que você queira voltar à sessão de reflexão pessoal do capítulo dois. Considere estas vozes à luz do que a Palavra de Deus diz.

Durante o seu dia, preste atenção àquelas vozes que ficam ecoando em sua mente. Quando você ouvir algo que não esteja de acordo com Filipenses 4:8, pare e peça ao Senhor para ajudá-la a se concentrar nas palavras que lhe agradam e refletem as Suas percepções da verdade e da beleza.

2. Mude a maneira de falar sobre si mesma.

Avalie o seu próprio discurso. Quais as declarações negativas que faz sobre si mesma? Por quê?

Leve esta questão ao Senhor em oração.

3. Aprenda a identificar as palavras ditas por aquele que procura destruir a sua alma.

Escreva algumas das mentiras que Satanás usa contra você. Quando estas mentiras começarem a se formar em sua mente, fale a verdade e as chame de mentiras. Encontre um versículo da Palavra para combater cada mentira; risque a mentira e escreva a verdade bíblica ao lado dela.

4. Ouça o que Deus diz sobre você.

Tendo lido o que Deus sabe sobre você, escreva uma resposta para Ele. Seja honesta em sua resposta.

Quatro

Espelho, espelho meu

Não consigo me lembrar exatamente do dia em que o espelho se tornou a minha prisão, mas reconhecia que estava sendo detida contra a minha vontade ao perceber que buscava a afirmação em um objeto, que só podia refletir o que eu escolhia ver. Com certeza houve alguns dias que saí da frente do espelho após a minha rotina de todas as manhãs diante dele, pensando: "Não estou tão mal assim." Porém os dias mais frequentes eram os "E se." "E se o meu cabelo fosse mais comprido." "E se meu cabelo fosse mais curto." "E se eu fosse mais alta." "E se meus olhos fossem castanhos." E o sempre presente: "E se eu fosse mais magra."

Outras vezes, o espelho é o meu tribunal onde o júri composto somente por uma pessoa, influenciado pelo capricho e humor, declara o veredito do meu valor.

Os espelhos fazem parte da vida de toda mulher. Nicole Johnson descreveu de maneira dolorosa a ansiedade que as mulheres sentem quando veem seus próprios corpos:

> O terror percorre a minha espinha e me dá arrepios antes mesmo que eu saia da cama. Sei o que me espera hoje. Fico completamente imóvel e deixo que a segurança das cobertas me envolva. Talvez se ignorá-lo, ele desapareça. O trabalho duro que preencherá meu dia já está drenando cada gota de energia do meu corpo. A apreensão de toda a caminhada, o processo de procura sem fim, as lágrimas.
>
> Tenho que comprar um traje de banho hoje.
>
> Qual é o problema com a compra deste produto que faz meus joelhos tremerem e a minha autoestima despencar? Talvez seja o pensamento de olhar para o meu corpo sob lentes que captam detalhes que passariam despercebidos para o mais potente telescópio. Talvez seja o fato da parte superior das minhas pernas se parecerem com a superfície lunar. Quem sabe seja a futilidade de permitir que uma peça de tecido elástico do tamanho de um pegador de panelas cubra o metro quadrado do meu traseiro. Entretanto, de algum modo, esta tarefa específica me altera, deixo de ser uma mulher autoconfiante e madura, e, me sinto como se fosse uma garotinha de colégio outra vez.[1]

Quanto mais contemplamos o espelho de imagens mundanas, mais vulneráveis nos sentimos. Para declarar guerra contra as imagens recriminadoras pintadas pelas luzes fluorescentes nos espelhos dos provadores das lojas, ajusto a perspectiva que tenho do meu corpo vulnerável, com poses variadas, e com o canto dos olhos.

Momentos inesperados diante do espelho são especialmente perturbadores. Percorremos o shopping, com um cappuccino gelado, coberto com uma montanha de chantilly — de repente, um espelho. Nestas ocasiões eu me pergunto: "Essa sou eu de verdade?" Essa pergunta inicia uma avalanche de autoavaliações: os meus quadris estão tão largos assim? Os meus seios estão tão caídos assim? E por que não me sinto tão pequena quanto pareço?

A ironia dos espelhos está em seu poder de atração. Fico seduzida pela possibilidade de que a próxima olhada no espelho me mostrará aquilo que quero ver. Então, talvez fique satisfeita. Contudo, é aí que está o problema. Espero encontrar satisfação quando *eu gosto do que vejo*. Como posso gostar do que vejo quando contemplo com um olhar mundano uma imagem que não foi criada pelo mundo?

Igualmente preocupante é a minha falta de reconhecimento quando inesperadamente me olho no espelho. Como não consigo reconhecer um rosto que vejo todos os dias enquanto escovo os dentes? Talvez não reconheça o rosto que vejo porque a minha "capacidade de ajuste" tenha uma influência decisiva na minha autopercepção e memória.

AOS OLHOS DO *Pai*

Jay Gatsby, o protagonista do romance de F. Scott Fitzgerald, *O Grande Gatsby*, recria a si mesmo e ao seu ambiente para agradar à sua amada Daisy. Quando ele se reencontra com ela após muitos anos, vê o seu mundo de representação através dos olhos dela e descobre que: "É invariavelmente triste enxergar com um novo olhar, coisas sobre as quais você empregou a sua própria capacidade de ajuste."[2]

Ele se rende à ilusão do sonho americano e às expectativas da sociedade. Finalmente, já não consegue mais distinguir entre o verdadeiro Gatsby e o que inventara. O que Gatsby nunca compreende é que na verdade as fantasias dele jamais satisfarão as expectativas de Daisy ou da sociedade, pois elas exigem uma negação de quem ele realmente é. No final, os sonhos frustrados o levam à morte espiritual e física.

Assim como Gatsby, tento me recriar na boa interpretação de um personagem ou nego as partes de mim, que não se encaixam na definição de beleza que o mundo oferece. Ambas as atitudes me deixam imaginando quem sou eu e ansiando ser conhecida. Infelizmente, a minha preocupação somente com a imagem do mundo, não com a imagem de Cristo me deixa quebrada, como Gatsby, e incapaz de reconhecer a mulher que Deus me criou para ser.

Muitas vezes fiquei diante do espelho na esperança de descobrir o meu verdadeiro eu, como se aquele vidro tivesse o poder de revelar quem sou. Contudo, só existe um lugar onde posso encontrar o meu verdadeiro reflexo. O olhar do meu Criador, meu Deus Pai, reflete as respostas para os meus anseios mais profundos de autoestima e desejos de ser conhecida.

Como mulheres cristãs, precisamos nos agarrar à verdade — a Palavra é o espelho da beleza através do qual nos enxergamos. Porque vivemos numa cultura impulsionada por imagens visuais, podemos nos encontrar em busca de representações visuais de beleza física nas Escrituras, para servir como referência para a nossa própria autoavaliação. Que altura tinha a rainha Ester? Quanto Rute pesava? Quanto tempo levou para Maria voltar ao peso que tinha antes da gravidez? De que cor eram os olhos de Raquel?

No princípio fomos criadas à imagem de Deus (Gênesis 1:27), e a Bíblia até mesmo define algumas pessoas como fisicamente belas. Raquel era "formosa de porte e de semblante" (Gênesis 29:17). Davi foi descrito como "ruivo, de belos olhos e boa aparência" (1 Samuel 16:12) e Abigail como "uma mulher sensata e formosa" (1 Samuel 25:3). Da mesma forma, Bate-Seba "era ela mui formosa" (2 Samuel 11:2) e Absalão era celebrado por sua beleza (2 Samuel 14:25). Na história de Ester, o autor menciona a beleza de ambas, Vasti e Ester (Ester 1:11; 2:7). E finalmente, Salomão diz da sua amada "Formosa és, querida minha, como Tirza, aprazível como Jerusalém" (Cantares de Salomão 6:4).

Todavia, estas passagens falham em definir a beleza. Nada se diz sobre penteados, tamanho do quadril, tamanho dos seios, peso ou altura.

Muitas vezes, igualamos o padrão de beleza divino ao padrão de beleza do mundo. As Escrituras dão poucas informações a respeito da aparência física e da beleza de muitas mulheres de caráter, integridade e honra: Jael, Débora, Rute, Maria, Ana, para citar algumas. A definição de beleza divina chega até nós de maneira diferente do que poderíamos esperar.

Para compreender a verdadeira beleza, devo entender a quem pertenço. O mundo não me criou e não me conhece. Deus me criou e me conhece. Minha existência surgiu da vontade de Deus, o onisciente e onipotente Criador que vê as obras de Suas mãos e as chama de "boas". O apóstolo João diz: "Mas, a todos quantos o receberam, deu-lhes o poder de serem feitos filhos de Deus, a saber, aos que creem no seu nome; os quais não nasceram do sangue, nem da vontade da carne, nem da vontade do homem, mas de Deus" (João 1:12-13). Eu fui criada num magnífico derramar do amor de Deus e sou escolhida.

Qual é então a definição de beleza divina?

Encontramos a resposta numa passagem fundamental para o cristianismo, mas que raramente é levada em consideração quando se define a beleza: "Porque Deus amou ao mundo de tal maneira que deu o seu Filho unigênito, para que todo o que nele crê não pereça, mas tenha a vida eterna" (João 3:16).

Talvez você fique imaginando como este trecho das Escrituras define a beleza. O mais belo ato entre Deus e o homem, foi Deus oferecer o Seu próprio Filho para ser o sacrifício pelos nossos pecados. A beleza divina é pura e incorruptível. A beleza de Deus é eterna e dá vida. A beleza divina exige uma vulnerabilidade suprema, um desnudar da alma diante de Deus. A beleza divina é verdadeira porque é a verdade. A salvação é todas estas coisas: "Porque o SENHOR se agrada do seu povo e de salvação adorna os humildes" (Salmo 149:4). A salvação é a verdadeira beleza, a definição divina de beleza. Porque eu fui comprada com aquilo que é eterno, não consigo encontrar minha compreensão de beleza naquilo que é temporal.

Quando fundamento o meu valor nos padrões do mundo, o meu amor por mim é condicional. Prometo me amar *se* eu emagrecer, *se* gostar da minha aparência, *se* conquistar a aprovação alheia, *se* for bem-sucedida em meus empreendimentos. Porém, o amor de Deus por mim é incondicional. Ele jamais me amará mais ou menos, do que me ama neste momento.

Pense sobre a ironia que é encontrarmos nossa beleza naquele cuja descrição é: "não tinha aparência nem formosura [...] nenhuma beleza havia que nos agradasse" (Isaías 53:2). Devido ao entendimento superficial do mundo sobre a beleza, aqueles que são do mundo não conseguem enxergar a verdadeira beleza de Cristo; portanto a percepção que eles têm de Jesus é: "não tinha aparência nem formosura." Entretanto, Deus é aquele de quem a beleza emana, Cristo é a beleza encarnada, não conforme a definição mundana, mas a divina.

Assim, a beleza da mulher precisa ser encontrada e definida pelas coisas que são eternas, que são verdadeiras e dão vida. Precisamos desejar as coisas que nos aproximam de Cristo e nos levam à plenitude de vida nele. Ele é a nossa salvação; portanto, é também a nossa beleza. A única maneira de realmente conhecermos a pura e verdadeira beleza física é buscar uma vida de pura e verdadeira beleza espiritual.

O livro de Rute nunca menciona sua aparência física. No entanto, sempre que leio a história dela, eu a vejo como uma mulher bonita, pois as suas escolhas revelam a verdadeira beleza e o verdadeiro caráter. Ela buscou o eterno na sua decisão de servir ao único e verdadeiro Deus. Então, ela viveu desta graça e trouxe vida às pessoas à sua volta, especialmente a Noemi, a sua sogra e a Boaz, o seu futuro esposo. Finalmente, ela buscou coisas que eram puras e verdadeiras, como mostram as palavras que Boaz disse a ela: "toda a cidade do meu povo sabe que és mulher virtuosa" (Rute 3:11b).

Pelos padrões do mundo, Rute pode ter sido simples, sem adornos ou bela; não sabemos. Contudo, a questão da sua atratividade física é irrelevante à luz da determinação que tinha de buscar a Deus. A beleza do seu caráter superava a sua aparência física e se tornou a verdadeira beleza pela qual a vida dela foi marcada.

A história de Rute é um exemplo de que a mulher de Deus se torna bela quando adora aquele que é a beleza. Os salmos ressoam com a relação entre a beleza do Senhor e a adoração: "Uma coisa peço ao Senhor, e a buscarei: que eu possa morar na Casa do Senhor todos os dias da minha vida, para contemplar a beleza do Senhor e meditar no seu templo" (Salmo 27:4).

Quando nos entregamos a uma vida apaixonada de adoração, vemos a beleza de Deus e encontramos a nossa própria — nele. Quando nos entregamos a uma vida de adoração a um Deus onipotente, encontramos o propósito para o qual fomos criadas. De repente, as coisas deste mundo, inclusive o seu padrão de beleza perdem o sentido. O salmista escreveu: "Glória e majestade estão diante dele, força e formosura, no seu santuário [...] Adorai o Senhor na beleza da sua santidade!" (Salmo 96:6,9a). Na adoração, falsas pretensões e anseios artificiais — os nossos próprios e dos outros — desmoronam diante de um Deus santo, maravilhoso. Quando me coloco em pé e pondero sobre a majestade do Seu nome e as obras de Suas mãos, o meu peso, a minha altura, o tamanho do meu sutiã e o meu penteado se tornam irrelevantes.

Adorarmos com intensidade não define beleza; simplesmente inicia a discussão. Talvez você já tenha ouvido o ditado: "Beleza não é tudo." A beleza divina que descobrimos na adoração, precisa emanar das nossas vidas. Nossas vidas irradiarão beleza ao permitirmos que "seja sobre nós a graça do Senhor, nosso Deus; confirma sobre nós as obras das nossas mãos, sim, confirma a obra das nossas mãos" (Salmo 90:17). Vestidas da natureza de Cristo, nossa aparência física se torna um vaso para que a beleza de Cristo resplandeça.

Reflita mais uma vez sobre Rute. Porque ela se dedicou à adoração, e sua vida produziu excelência e beleza, e ela se tornou parte da linhagem daquele que é a beleza para todos (Mateus 1:5). A verdadeira beleza é viver para Cristo.

Atualmente, as pessoas gastam milhões, quem sabe bilhões, tentando recuperar a beleza da juventude. Deus busca restaurar a nossa beleza, mas não através de lipoaspiração, *liftings* no rosto, cremes milagrosos ou penteados da moda. Ele deseja restaurar nossa beleza a partir do profundo do nosso ser.

Entendendo a devassidão da beleza mundana, o profeta Oseias apresentou uma ilustração da verdadeira beleza. Falando sobre a restauração de Israel, ele escreveu: "Estender-se-ão os seus ramos, o seu esplendor será como o da oliveira, e sua fragrância, como a do Líbano" (Oseias 14:6). O estudioso do Antigo Testamento, Marvin Wilson explica esta figura em seu livro *Our Father Abraham* (Nosso Pai Abraão):

> Para os ocidentais, a oliveira, com o seu tronco retorcido e macio, folhas cinza-esverdeadas, não aparenta ser uma árvore especialmente bela. Porém para os orientais, a oliveira tem uma aparência artística admirada há séculos [...] As oliveiras são famosas pela longevidade [...] As raízes da oliveira (conforme Romanos 11:18) são notadamente robustas, sobrevivendo no solo rochoso e no clima quente e seco da região [...] As oliveiras eram premiadas pela sua produtividade [...] [E o] ramo da oliveira por muito tempo simbolizou a paz (conforme Gênesis 8:11).[3]

Mulheres envolvidas pelas imagens de beleza mundana somente conseguem encontrar a verdadeira beleza, ouvindo e aplicando a mensagem de Deus sobre a beleza. Profundamente arraigadas ao solo da adoração, encontramos uma beleza restaurada no conhecimento de que fomos criadas como seres únicos por um Deus artista, que Ele modelou a beleza suprema para nós, na dádiva do sacrifício de Cristo, que fomos criadas para aquilo que é eterno e que podemos frutificar para Cristo, porque a salvação nele produz uma vida de beleza.

A adoração me ensina o que significa possuir a beleza verdadeira e satisfaz os meus anseios profundos de ser conhecida. O apóstolo Paulo escreveu: "Mas, se alguém ama a Deus, esse é conhecido por ele" (1 Coríntios 8:3). As perguntas do tipo "Essa sou eu de verdade?" feitas por meu coração são respondidas pelo conhecimento daquele que desejou a minha existência, que me conhece e que também me ama.

Contudo, meu conhecimento sobre a minha pessoa e sobre Deus serão encobertos na Terra, como Paulo reconheceu ao escrever: "Porque, agora, vemos como em espelho, obscuramente; então, veremos face a face. Agora, conheço em parte; então, conhecerei como também sou conhecido" (1 Coríntios 13:12).

Entretanto, as minhas limitações não limitam um Deus infinito. Eu já sou "completamente conhecida" por aquele que tudo sabe e vê. Esta verdade reconcilia a tensão entre os meus anseios mais profundos de ser conhecida e a minha compreensão de que o meu próprio conhecimento será limitado deste lado do céu. Prosseguindo pela fé, preciso descansar sabendo que Deus me conhece intimamente e que o Seu conhecimento cria um destino divino para minha vida.

Espelho, espelho meu, eu sei quem é o mais belo de todos. O Seu nome é Jesus e por causa dele não posso definir a beleza como faz este mundo. O físico e o espiritual estão emaranhados, e eu preciso viver uma vida controlada pelo Espírito; portanto, os modelos de beleza que procuro tentar igualar ou exceder, serão os de mulheres adoradoras, cujas vidas são governadas pelo Espírito de Deus e mostram o fruto de Cristo. Enquanto revejo os meus reflexos passados em espelhos e vitrines de lojas, preciso escolher entre me enxergar através do espelho da Palavra de Deus, ou me ver no espelho deste mundo. A escolha que eu fizer é a diferença entre a vida e a morte. É a diferença entre criar um ídolo e ser um templo.

Aos Olhos do Pai
Reflexão Pessoal

Geralmente segmentamos a nossa vida em aspectos que gostamos em nós e naqueles que não gostamos. Por exemplo, uma mulher pode dizer que gosta dos seus olhos, mas odeia as suas pernas. Você também se vê dividida em partes?

Deus criou partes de nós à Sua imagem ou o nosso todo à Sua imagem?

Jesus morreu para remir partes de quem somos ou o nosso ser por completo — corpo, alma e espírito?

A sua definição de beleza reflete a ideia divina de redenção holística? Por que sim, ou não?

Adoração é uma vida vivida na presença de Deus. Peça ao Senhor que lhe ensine (ou continue a ensiná-la) o que significa viver diante dele, momento a momento.

Como a adoração traz a libertação dos padrões mundanos de beleza?

Lembre-se que Sião é um lugar de louvor, e leia Salmo 50:2. Explique como esta passagem bíblica se aplica à compreensão adequada de beleza.

Leia Tiago 1:23-25. O que este trecho das Escrituras ensina sobre a Palavra como um espelho para as nossas vidas? Em outras palavras, se somos um reflexo da imagem de Deus, o que faremos?

Cinco

ÍDOLOS E TEMPLOS

Ela tenta esconder as dúvidas e os temores que a afligem, mas as atitudes dela falam mais alto.

Ela, também, ouve as vozes. Ao depositar sacrifícios aos pés dos ídolos, ela destrói seu templo. Não há bezerros de ouro ou estátuas de Baal escondidas em sua casa, mas olhe para os segredos do seu coração, os lugares ocultos das suas inseguranças e os seus ídolos surgem abundantemente. Os ídolos e templos não são todos feitos de tijolos, pedras, ou ouro.

As atitudes cotidianas tornam-se tão rotineiras que se tornam parte de quem somos. Não conseguimos reconhecer a idolatria em nosso próprio comportamento, muito menos perceber que nós somos o sacrifício.

ADORAÇÃO A ÍDOLOS

Mulheres diferentes, rituais diferentes. O mesmo desejo. Aceitação — dos outros e de si mesma. A mulher que busca infinitamente no ciclo da dieta da moda a imagem ideal. A mulher que precisa de joias caras para sentir-se de valor inestimável. A mulher que se pesa antes e após ir ao banheiro, na esperança de que os números mudem. A mulher que mede o seu valor por sua aparência. A mulher que é obcecada por tudo que come, calculando as calorias e gorduras de cada mordida. A mulher que muda a cor do cabelo para combinar com o seu humor, enquanto busca o visual que a deixará satisfeita consigo mesma. A mulher que toma comprimidos para emagrecer "só para perder mais alguns quilinhos". A mulher que não pode sair em público sem maquiagem porque se sente vulnerável. A mulher que não pode comer em reuniões públicas porque tem medo de que os outros julguem o que ela come. A mulher que não pode perder uma aula de ginástica na academia e repreende-se severamente, caso encurte o seu tempo na sessão de tortura. A mulher que se alimenta e vomita buscando desesperadamente não apenas controlar seu peso, mas também a sua vida. Mulheres diferentes, rituais diferentes — o mesmo cativeiro.

Infelicidade. Impotência. Escravidão. Nossos ídolos variam, porém nos deixam com sentimentos parecidos. A verdade sobre a nossa idolatria é dolorosa: para nós é mais importante o que os outros pensam a nosso respeito, do que aquilo que Deus pensa sobre nós.

Apesar de não orarmos ou nos prostrarmos diante de deuses de ouro e pedra, nos prostramos à imagem deste mundo ao nos mensurarmos continuamente pelos padrões mundanos, de sucesso e beleza. Não apenas somos incapazes de reconhecer a nossa beleza em Cristo, muitas vezes, distorcemos o que Ele fez numa tentativa desesperada de nos remodelarmos à imagem do mundo. Vendemos a nossa verdadeira beleza por punhados de sujeira ao permitirmos que fatores externos determinem o nosso valor. Convencemo-nos de que o mundo sabe mais sobre a avaliação da beleza do que o próprio Criador, trocamos o que é eterno por aquilo que é temporal, a pureza pela sensualidade, a integridade por aceitação.

Israel, também trocou a sua beleza espiritual pela idolatria da beleza do mundo. Falando contra a profanação do templo de Deus pelos israelitas, o profeta Ezequiel declarou: "De tais preciosas joias fizeram seu objeto de soberba e fabricaram suas abomináveis imagens" (Ezequiel 7:20a). Devido ao seu adultério espiritual, Israel sofreu grande destruição e era incapaz de encontrar paz (Ezequiel 7:25).

Apesar de não estarmos presas por correntes de ferro e dos nossos lares não serem destruídos por exércitos saqueadores, nossa idolatria, entretanto, nos leva a um cativeiro. Tornamo-nos escravas dos padrões do mundo ao invés dos padrões da cruz.

Enquanto isso, para parecermos espirituais, proclamamos em alta voz das nossas prisões, que aquilo que é eterno é mais importante que qualquer coisa temporal. Porém, o que dizem as nossas vidas? Cuidamos melhor da maneira como alimentamos os nossos corpos ou as nossas almas? Passamos mais tempo esculpindo nossos corpos do que moldando a nossa vida devocional? Procuramos mais o consolo do alimento ou do Espírito Santo? Passamos mais tempo aperfeiçoando nossa aparência física ou preparando nosso coração? Gastamos mais dinheiro investindo no autoaperfeiçoamento ou no trabalho do reino de Deus? Somos mais atraídas por aqueles que refletem a imagem mundana de beleza e sucesso, ou por aqueles que resplandecem a imagem de Deus?

As Escrituras falam claramente sobre o coração dividido. Não podemos buscar a glória do mundo e a glória de Deus. Em algum momento incorporaremos a definição de beleza divina ou mundana. Quando nos concentramos em encontrar o nosso significado e valor no mundo, deixamos de enxergar Deus. Jesus perguntou: "Como podeis crer, vós os que aceitais glória uns dos outros e, contudo, não procurais a glória que vem do Deus único?" (João 5:44). Procuramos a honra de quem? A opinião de quem realmente importa? Qual é a definição de beleza que vamos incorporar?

Podemos esconder bem a nossa idolatria das pessoas ao nosso redor, mas o Deus cujos olhos viram a nossa substância informe (Salmo 139:16a) é o mesmo Deus que conhece aquilo que adoramos, nos lugares mais profundos dos nossos corações. Ele vê a essência de quem somos e sabe que, enquanto o glorificamos com os nossos lábios, continuamos à procura da beleza mundana. Infelizmente, muitas vezes, deixamos de reconhecer a dualidade dentro de nossos próprios corações. Despertamos do nosso estado de autoilusão para nos encontrarmos presas à armadilha de um relacionamento adúltero com o mundo. Despertamos para descobrir que abandonamos o amado das nossas almas em troca do vazio.

Em seu romance *A Letra Escarlate,* Nathaniel Hawthorne detalha a destruição de um coração dividido no personagem do Reverendo Dimmesdale. Envolvendo-se num relacionamento adúltero com uma paroquiana casada e sendo covarde demais para confessar, Dimmesdale experimenta uma deterioração física e espiritual, à medida que luta para continuar o seu ministério público enquanto esconde o seu pecado.

Advertindo contra a confusão decorrente de viver com um coração dividido, Hawthorne diz sobre Dimmesdale: "Nenhum homem, por qualquer período considerável, pode usar uma máscara para si mesmo e outra para a multidão sem que no final fique completamente confuso sobre qual delas é a verdadeira."[1]

A maior consequência de viver com um coração dividido é a consequente incapacidade de distinguir qual o amor que trará vida e qual o que trará morte.

Embora Dimmesdale tente continuar com a vida de um pastor irrepreensível para o rebanho, ele aprende a lição dolorosa de que o homem exterior e o homem interior estão intricadamente ligados. O seu ato físico de adultério afeta o seu bem-estar espiritual e a sua doença espiritual, por sua vez, começa a desencadear a falência do seu corpo. Apesar do adultério de Dimmesdale ter sido um ato de natureza física, o seu pecado demonstra que o adultério começa no coração, quando permitimos que qualquer desejo supere o nosso desejo por Deus.

Ao nos concentramos mais na transformação de nossos corpos do que de nossos corações, escolhemos o mundo. O teólogo Abraham Wright escreveu:

> Muitos se envergonham de serem vistos como Deus os criou; alguns se envergonham de serem vistos como o resultado do que o diabo fez deles. Muitos se incomodam com as pequenas imperfeições no homem exterior; poucos se incomodam com as grandes deformações do homem interior; muitos compram a beleza artificial para substituir a natural; poucos a beleza espiritual, para suprir as falhas da beleza sobrenatural da alma.[2]

Wright viveu no século 17. Se a sociedade daquela época era obcecada pela beleza exterior, quanto mais hoje? Somos culpadas de estarmos mais preocupadas com o que os outros veem, do que com o que Deus vê.

A DESTRUIÇÃO DO TEMPLO

Com a cabeça baixa e os braços ao lado do corpo ela se aproxima do prédio, está bem acostumada com a estrutura simples. Ela entrou ali todos os dias dos seus 29 anos. A cruz no ponto mais alto do telhado suavemente a alcança. Paz. As fortes mãos trespassadas, esculpidas na porta acenavam para que ela entrasse. Segurança. O cálice e o pão sobre a mesa sussurram suavemente o nome dela. Intimidade. Ainda com a cabeça baixa, ela atravessa a soleira da porta. Santuário.

Ao entrar no prédio, ela levanta sua cabeça e olha ao seu redor, procura no bolso e apanha uma das pesadas pedras que carrega. Segurando-a, ela se aproxima do altar com a mão estendida, e pode sentir as bordas entalhadas comprimindo dolorosamente a sua pele. Quando chega ao destino, ela se vira. De costas para o altar, olha para fora da janela mais próxima. A luz do sol que penetra, mata a lágrima que desliza pela sua face.

Eu te odeio. O seu grito penetrante ecoa na parede e o som de vidros se quebrando é ouvido enquanto ela joga a pedra pela janela. *Você é uma decepção.* Outra pedra deixa a sua mão e quebra outra janela. *Você jamais será como elas.* O cálice e o pão caem no chão com a fúria da sua dor. Pedra após pedra. As palavras ressoam nas paredes até que nada mais pode ser ouvido. Pedra após pedra. Ela está cercada de objetos quebrados, e está quebrada por dentro. A paz se foi. A segurança se foi. A intimidade se foi. Caída de joelhos, com a cabeça baixa, as mãos agora vazias, ela se lamenta por aquilo que perdeu. Santuário.

Ouvindo o toque do seu despertador, ela levanta da cama com relutância e vai em direção ao banheiro. Curvada sobre a pia, joga suavemente a água no rosto. Quando ergue a cabeça, ela contempla o espelho. *Ugh. Estou com uma aparência horrível esta manhã.* Ela vai em direção ao armário e dá uma olhada nas roupas. *Nada parece satisfazê-la* enquanto ela apanha uma peça só para substituí-la por outra. *Nada mais me cai bem.* Finalmente ela se decide por um traje. Depois de vestir-se, ela volta ao espelho para completar a sua rotina matinal. *Eu sou tão gorda.* Palavra após palavra. Pedra após pedra. A sua alma ouve os vidros se quebrando e as palavras ressoam nas paredes até que nada mais pode ser ouvido.

Olhando no espelho, ela imagina porque se sente quebrada antes mesmo de começar o dia.

Nos círculos cristãos, falamos livremente sobre a importância de guardar o templo dos nossos corpos no que se refere ao que assistimos, ouvimos, comemos e fazemos. Contudo, raramente, estabelecemos uma conexão entre as palavras que proferimos a nosso respeito e o fato de que estamos falando sobre o templo de Deus. Jamais pensaríamos em depredar o nosso local de culto, mas não pensamos duas vezes sobre destruirmos a nós mesmas com palavras e pensamentos de autodepreciação. O impacto é o mesmo.

Acreditando que encontraremos exatamente aquilo que não podemos encontrar neste mundo, reverentemente entramos no templo do Deus Altíssimo. Ensinamos aos nossos filhos a não correr dentro do santuário e a respeitar o prédio onde nos reunimos aos domingos. Apesar de ser importante demonstrar respeito pela estrutura da igreja, a Palavra diz claramente que o Espírito de Deus não habita nas construções feitas de tijolos e pedras, mas na carne e no sangue, criados à Sua imagem. Paulo escreveu: "Não sabeis que sois santuário de Deus e que o Espírito de Deus habita em vós?" (1 Coríntios 3:16). O conceito de sermos o templo é lindo. Ao entrarmos em comunhão com Deus, Ele passa a habitar em nós. A própria essência do nosso ser espiritual, que está morta antes que Ele entre em nossas vidas, se torna mais viva que os corpos físicos nos quais vivemos. Ao procurar a paz, segurança e a intimidade encontramos dentro de nós a nossa razão para viver — Cristo vive em nós. Entretanto, não podemos encontrar paz, segurança ou intimidade num coração que lança acusações de inadequação e fracasso contra si mesmo. E onde não há paz, segurança ou intimidade, não existe santuário.

Assim como não podemos imaginar a depredação de um santuário feito de tijolos e pedras, não podemos imaginar que um crime deste tipo permaneça impune. O mínimo que poderíamos esperar seria que o culpado assumisse a sua responsabilidade. Qualquer negação de erro ou relativização da seriedade da ofensa feriria o nosso senso de justiça. Acima de tudo esperaríamos que ele entendesse que não era apenas uma estrutura arquitetônica que foi violada. O seu ato de vandalismo violou o sentido da paz, segurança e intimidade associado ao culto. O seu ato temerário destruiu o nosso santuário.

Como aquele que destrói o santuário construído por mãos humanas, precisamos assumir a responsabilidade que temos quando destruímos o templo criado por Deus. Não podemos continuar pensando que as palavras que lançamos contra nós mesmas não têm importância. Sabemos que as palavras importam, ou não pediríamos a Deus: Que "as palavras dos meus lábios e o meditar do meu coração sejam agradáveis na tua presença" (Salmo 19:14).

As pedras que destroem o templo de Deus. São os pensamentos e palavras que nos depreciam física; mental ou espiritualmente. Deus declara que tal ato de vandalismo não permanecerá impune. Até mesmo em sua infinita graça e misericórdia, a natureza divina exige justiça. Paulo escreveu: "Se alguém destruir o santuário de Deus, Deus o destruirá; porque o santuário de Deus, que sois vós, é sagrado" (1 Coríntios 3:17). Nossa incapacidade para entender a nossa própria beleza inerente e verdadeira, destrói a beleza que surge exatamente como resultado de sermos o templo de Deus. A paz, a segurança e a intimidade se foram. O santuário se foi. Se não o valorizarmos, deixaremos de ser o templo.

O SACRIFÍCIO ADEQUADO

Antes que você comece a achar que, em minha opinião, as mulheres não devem usar maquiagem e joias e devem se vestir com sacos de estopa permita-me qualificar a minha mensagem.

Uma escultura de pedra ou ouro não é um ídolo em si mesmo ou de si mesmo. O coração do adorador é o que faz de um objeto, um ídolo. Joias, maquiagem e roupas não têm poder em si mesmas ou de si mesmas. A motivação do meu coração (o que desejo destas coisas) determina se elas são ou não ídolos. Se eu preciso de joias, maquiagem ou roupas da moda para me sentir valorizada, transformei esses objetos em ídolos porque espero deles o que posso receber somente daquele que declaro adorar.

Perseguir a promessa ilusória de beleza física é tão destrutivo quanto abster-se de tal beleza a ponto de chegar ao martírio. As mulheres não precisam abandonar as joias e a maquiagem para serem espirituais. Pelo contrário, rotular todo tipo de maquiagem e joias como pecaminosos é o lado oposto da mesma moeda falsificada, que concentra a sua atenção no físico ao invés do espiritual. É apenas outra maneira de estar mais preocupada com a aparência externa do que com o caráter interior. Qualquer coisa que diz respeito aos atributos físicos ao invés do fruto espiritual como uma medida de espiritualidade está mal direcionada e é destrutiva.

Tampouco estou defendendo que comamos ou vivamos sem considerarmos a nossa natureza física. Deus nos criou como seres físicos e espirituais. Não posso ignorar que a qualidade do que eu como e a quantidade, afetam o meu corpo; também não posso ignorar que o meu corpo foi criado para movimentar-se; assim a atividade é vital para o meu bem-estar. Estou simplesmente dizendo que não posso permitir que a alimentação e o exercício determinem o meu valor. Preciso buscar a sabedoria de Deus para manter o equilíbrio entre ambos.

Afinal, o meu corpo é o templo.

Consequentemente, o meu corpo não me pertence. Da mesma forma que Deus espera que eu use os talentos que Ele me deu a Seu serviço, assim também Ele espera que lhe entregue o meu corpo.

> "Acaso, não sabeis que o vosso corpo é santuário do Espírito Santo, que está em vós, o qual tendes da parte de Deus, e que não sois de vós mesmos? Porque fostes comprados por preço. Agora, pois, glorificai a Deus no vosso corpo" (1 Coríntios 6:19-20).

Quando eu anseio pela beleza do mundo, preciso lembrar-me do preço que foi pago por mim, pelo meu corpo. Quando sou tentada a denegrir a minha aparência física, preciso me lembrar de que tanto o meu corpo quanto o meu espírito, pertencem a Deus.

Eu sou um sacrifício, mas não para a beleza idólatra deste mundo. Paulo nos admoestou a apresentarmos os nossos corpos como "sacrifício vivo, santo e agradável a Deus, que é o nosso culto racional" (Romanos 12:1). A tradução da *New American Standard Bible* da parte final desta passagem diz que apresentar nossos corpos como um sacrifício é o nosso "culto espiritual de adoração." Portanto, o meu corpo não é apenas o lugar onde o Deus vivo habita; é também uma ferramenta que deve ser usada para a glória de Deus, um canal de adoração a Ele. Porque o meu corpo é um sacrifício a Deus, tudo na minha vida está sujeito à autoridade divina — a maneira de vestir, comer e viver. Todavia Deus não exige que nos tornemos legalistas; Ele está mais interessado em nossas motivações. Jesus pode nos dar uma vida abundante e bela. Ele veio para nos dar liberdade.

Temos uma escolha. Liberdade ou escravidão. Não precisamos continuar aprisionadas à imagem mundana de beleza. Nem precisamos continuar quebradas pelas forças destrutivas da cultura.

> "Porque os que se inclinam para a carne cogitam das coisas da carne; mas os que se inclinam para o Espírito, das coisas do Espírito. Porque o pendor da carne dá para a morte, mas o do Espírito, para a vida e paz" (Romanos 8:5-6).

Quando escolhemos a vida, optamos pela transformação.

Aos Olhos do Pai
Reflexão Pessoal

"Mas agora que conheceis a Deus ou, antes, sendo conhecidos por Deus, como estais voltando, outra vez, aos rudimentos fracos e pobres, aos quais, de novo, quereis ainda escravizar-vos?" (Gálatas 4:9). O apóstolo Paulo escreveu estas palavras para descrever a liberdade que temos em Cristo. Apesar de Paulo estar escrevendo contra a fé baseada em obras dos judaizantes, esta passagem nos ajuda a compreender que a nossa busca pela beleza mundana nos aprisiona, enquanto o nosso buscar pela beleza divina nos liberta.

Por que o padrão mundano de beleza é "fraco e pobre"?

De que maneiras você ainda está querendo "servir de novo" a beleza mundana?

Separe um tempo para examinar o seu coração. Reflita sobre as áreas da sua vida, com as quais você ainda luta com inseguranças sobre o seu valor. Identifique algumas destas áreas de lutas.

De que maneira estas batalhas estão relacionadas à sua preocupação com o que os outros pensam sobre você?

Um ídolo é algo além de Deus, em que confiamos, ou algo além de Deus, de onde obtemos a nossa identidade. A preocupação com a opinião dos outros sobre nós pode ser útil em nossas vidas, na medida que nos motiva a fazer boas escolhas. Contudo, muitas vezes nos concentramos demais em impressionar os outros. Importar-se com o que os outros pensam sobre nós, porque queremos que enxerguem a Cristo, é muito diferente de importar-se com o que os outros pensam de nós, porque queremos que tenham uma boa impressão a nosso respeito. Será que a sua preocupação com a opinião alheia tornou-se um ídolo em sua vida? Em outras palavras, qual é a maior motivação para suas atitudes: O que os outros pensam sobre você ou o que Deus pensa a seu respeito? Leia João 5:44, enquanto responde a esta pergunta.

Quais os outros elementos da beleza física que se tornaram ídolos em sua vida?

Leia 1 Pedro 1:18-19. Explique como este trecho das Escrituras está relacionado ao seu valor, como o templo do Deus vivo.

Os seus pensamentos sobre si mesma destroem o templo dentro de você? Se for assim, seja específica sobre como estes pensamentos arruínam o que Deus deseja construir em você.

Quais as partes do seu corpo que você ainda precisa oferecer como sacrifício a Ele?

Leia Gálatas 5:1. Faça uma paráfrase desta passagem bíblica, e como se aplica à sua jornada para compreender a beleza divina.

Seis

Uma nova perspectiva

Certo verão, meu marido e eu levamos um grupo de adolescentes à parte decadente do centro da cidade de Chicago, para uma viagem missionária. Enquanto o nosso anfitrião nos levava de carro para o lugar onde ficaríamos hospedados no centro da cidade, podíamos ver ao longe dois prédios enormes, um nitidamente mais alto que o outro. Perguntamos a ele se o edifício mais alto era a *Sears Tower*. Para nossa surpresa, ele disse que o prédio que erroneamente achávamos que era a *Sears Tower* era na verdade o *John Hancock Building*. Um pouco arrogante e muito ignorante, me convenci de que ou o nosso anfitrião não saía muito ou não fazia ideia de que a *Sears Tower*, era o edifício mais alto de Chicago. A torre que ele identificava como o *John Hancock Building* era obviamente muito maior que o prédio que ele afirmava ser a *Sears Tower*.

Contudo, enquanto continuávamos rodando pela cidade, nossa perspectiva mudou e a nossa visão finalmente combinou com aquilo que o nosso anfitrião afirmara. O mais alto tornou-se o mais baixo, e, o mais baixo tornou-se o mais alto de todos — e a diferença era visivelmente significativa.

Naquele dia aprendi que a perspectiva depende do lugar onde eu me encontro.

Anteriormente naquele mesmo verão, meu marido e eu tínhamos viajado a Nova Jersey para visitar alguns amigos da época de faculdade. Não havia me encontrado com nenhum deles, em pelo menos quatro anos. Durante esse período engordei 14 kg e lutava com algumas questões que achava que tinha colocado para escanteio. Durante uma visita a uma amiga em particular, Deus me mostrou uma nova perspectiva na compreensão da Sua beleza.

Tínhamos nos tornado amigas no terceiro ano da faculdade quando ela serviu como residente-auxiliar no andar do meu dormitório. Nossos pais foram pastores da mesma denominação, portanto, compartilhávamos alguma afinidade. Agora, ambas estávamos casadas e buscávamos nossos respectivos chamados, nos cumprimentamos com muita alegria — e surpresa. Assim como eu, ela também engordara ao longo dos anos. Eu já não me sentia mais pressionada a ter a aparência que tinha quando estava na faculdade e deixei de me preocupar com o que ela pensaria sobre as mudanças em meu corpo.

Quando começamos a conversar sobre as lições que Deus estava nos ensinando, descobri que ambas lutávamos para enxergar nossa verdadeira beleza. Enquanto minha amiga e eu folheávamos um álbum de fotografias dos tempos de faculdade, Deus me mostrou um fato importante sobre perspectiva. Ao observar as lembranças, ela comentou de modo casual: "Sabe o que eu penso quando vejo estas fotos? Penso em como era mais magra naquela época." Sentei silenciosamente por um momento enquanto refletia sobre as suas palavras. Então respondi: "Eu também penso em quanto era mais magra nestas fotos. Porém, também me lembro de como eu me achava gorda quando estas fotos foram tiradas. Até mesmo naquela época não estava satisfeita com quem eu era e com a minha aparência."

As fotos me fizeram recordar as ocasiões em que procurei pessoas com o mesmo tamanho e formato de corpo que o meu, para que pudesse avaliar objetivamente a minha aparência. Entretanto, todas as vezes que tento avaliar a minha beleza, perco toda a objetividade e perspectiva, pois me enxergo através de olhos mundanos e fico insatisfeita com tudo que vejo. Eu jamais fui magra o suficiente, bonita o suficiente, ou talentosa o suficiente. Nunca atingi o ponto ideal. Porém, o meu maior fracasso não é deixar de atingir o ponto ideal para o mundo. Meu maior fracasso é minha incapacidade de enxergar que a beleza de Deus é muito superior à beleza do mundo — e a diferença entre as duas é visivelmente significativa.

Assim como eu precisava ter a perspectiva correta para observar qual dos prédios era o mais alto no centro da cidade de Chicago, também é necessário ter a perspectiva correta para ver qual beleza é verdadeira — a mundana ou a divina.

Aquilo que é verdadeiro revela beleza e o que é belo revela a verdade. O poeta inglês do século 18 John Keats, escreveu: "Verdade é beleza; beleza é verdade. Isso é tudo que sabemos e tudo que precisamos saber."[1] Assim sendo, se quero conhecer a beleza, preciso conhecer a verdade. Se eu quero viver na beleza, tenho que viver na verdade.

A perspectiva correta ocorre quando vemos como Deus vê. Portanto, para ter a perspectiva correta e verdadeira da beleza, tenho que encontrar a minha identidade naquele que vê como Deus vê. Em outras palavras, para conhecer a verdadeira beleza, preciso me identificar com Cristo. O dicionário Webster define identidade como a "similaridade do caráter essencial ou genérico em circunstâncias diferentes."[2]

A minha identidade é a essência de quem eu sou — a "similaridade do caráter essencial" — uma constante pela qual sou definida, independente das circunstâncias. Contudo, a identidade em Cristo não é um entendimento passivo das nossas características individuais. A identidade em Cristo é uma força poderosa e viva. A minha identidade define e molda a minha vida: "...Estou crucificado com Cristo; logo, já não sou eu quem vive, mas Cristo vive em mim; e esse viver que, agora, tenho na carne, vivo pela fé no Filho de Deus, que me amou e a si mesmo se entregou por mim" (Gálatas 2:19b-20). A minha compreensão de beleza física, com os desejos da minha carne, foram crucificados com Cristo. Assim, a beleza que agora habita em mim é a do Espírito e não a da carne.

Acima de tudo, o meu corpo juntamente com a minha beleza, agora é um símbolo do meu relacionamento com Jesus Cristo. Paulo propagou esta ideia quando escreveu:

> "Pois o amor de Cristo nos constrange, julgando nós isto: um morreu por todos; logo, todos morreram. E ele morreu por todos, para que os *que vivem não vivam mais para si mesmos, mas para aquele que por eles morreu e ressuscitou*" (2 Coríntios 5:14-15, formato em itálico acrescentado).

A minha vida não me pertence mais, tampouco minha beleza. Tentar criar a minha própria beleza à imagem do mundo é separar a minha beleza da minha identidade em Cristo. Prender-me à imagem mundana de beleza é recusar-me a crucificar os meus desejos e viver deliberadamente na carne.

Então, duas questões são levantadas: Como vivencio a minha identidade em Cristo e como mudo minha perspectiva da beleza do mundo para a beleza espiritual? Afinal, sou carne e espírito. Não posso simplesmente dizer que a minha aparência não importa.

Jesus resumiu como devemos encontrar a nossa identidade e beleza nele com uma simples afirmação. Quando lhe perguntaram qual era o maior dos mandamentos, Ele respondeu: "Amarás o Senhor, teu Deus, de todo o teu coração, de toda a tua alma e de todo o teu entendimento. Este é o grande e primeiro mandamento" (Mateus 22:37-38). Quando busco a Deus com todo meu ser, o que eu quero vai mudar. Os desejos mundanos morrerão e o meu novo desejo será viver nele e para Ele. Quando encontro a minha identidade em Cristo, permito que tudo o que sou — corpo, alma e espírito — seja definido por Deus.

Deus nos deu o Espírito Santo para ajudar-nos a compreender nossa nova identidade:

> "Pois todos os que são guiados pelo Espírito de Deus são filhos de Deus. Porque não recebestes o espírito de escravidão, para viverdes, outra vez, atemorizados, mas recebestes o espírito de adoção, baseados no qual clamamos: Aba, Pai. O próprio Espírito testifica com o nosso espírito que somos filhos de Deus" (Romanos 8:14-16).

Ao permitirmos que o Espírito Santo nos dirija, evitamos nos escravizar pelo padrão de beleza mundana e somos libertas para encontrar nossa verdadeira beleza em Cristo. Quando o Espírito Santo "testifica [...] que somos filhos de Deus," começamos a enxergar-nos e também a ver nossa beleza como Deus a vê.

A minha compreensão de beleza terá, então, a perspectiva correta porque me verei não como o mundo me vê, mas como Deus — em Cristo me vê.

Apresentar os nossos corpos como um sacrifício a Deus é apenas um elemento do que Deus deseja realizar em nós.

O apóstolo Paulo nos instigou a apresentarmos nossos corpos como "sacrifício vivo, santo e agradável a Deus, que é o [nosso] culto racional" (Romanos 12:1). De acordo com o Novo Comentário Bíblico, "este sacrifício vivo também inclui a mente que, porém, precisa ser primeiramente renovada antes de poder ser oferecida. "Este é um milagre de transformação, uma readequação às realidades — temporal e eterna."[3]

Paulo continuou com estas palavras:

> "E não vos conformeis com este século, mas transformai-vos pela renovação da vossa mente, para que experimenteis qual seja a boa, agradável e perfeita vontade de Deus" (Romanos 12:2).

Em outras palavras, a chave para encontrar a minha beleza não está na transformação do meu corpo, mas na transformação da minha mente.

Ainda bem que esta transformação mental, não depende do meu poder. O Espírito Santo, mais uma vez, está disponível para me dar direção e sabedoria.

> *"Se me amais, guardareis os meus mandamentos.* E eu rogarei ao Pai, e ele vos dará outro Consolador, a fim de que esteja para sempre convosco, *o Espírito da verdade, que o mundo não pode receber, porque não o vê, nem o conhece;* vós o conheceis, porque ele habita convosco e

estará em vós" (João 14:15-17, formato em itálico acrescentado).

Para entender o papel do Espírito Santo na transformação do nosso pensamento sobre a beleza, precisamos perceber que o Espírito Santo é o Espírito da verdade que nos dará o discernimento para conhecermos a verdade sobre a beleza divina. O que ouvirmos revelará o coração de Deus e, portanto, estará de acordo com Sua Palavra. Entretanto, o Espírito Santo não pode ser ouvido se não estivermos dispostas a escutar e a viver pelos mandamentos divinos. Tampouco o Espírito pode revelar a verdade da beleza de Deus se insistimos em nos enxergarmos a partir da perspectiva mundana. O Espírito Santo cumpre o Seu papel como nosso Conselheiro, à medida que buscamos ver a nós mesmas e aos outros a partir de uma perspectiva santificada de beleza.

Esta transformação é um processo, não um acontecimento pontual. Exige uma renovação diária. Para os crentes da igreja de Éfeso no primeiro século, Paulo escreveu: "e vos renoveis no espírito do vosso entendimento, e vos revistais do novo homem, criado segundo Deus, em justiça e retidão procedentes da verdade" (Efésios 4:23-24). A renovação da nossa mente exige ação — devemos revestir-nos "...do novo homem." Em outra carta, escrita para os cristãos em Corinto, Paulo descreveu o processo como "...levando cativo todo pensamento à obediência de Cristo" (2 Coríntios 10:5).

Em outras palavras, devo *escolher* ver-me como Deus me vê. Devo *escolher* considerar tudo na minha vida à luz da sua importância espiritual. Devo *escolher* abandonar a definição de beleza mundana. Antes de avaliar meus alimentos considerando aquilo que me fará engordar ou emagrecer, antes de optar por me exercitar para alcançar um determinado tamanho de roupa, tento escolher para o meu corpo aquilo que trará força e saúde para o meu templo, para poder realizar as tarefas que Deus me designou. Antes de assegurar que o meu cabelo esteja no lugar certo, procuro assegurar-me que ao menos o meu coração esteja. Antes de preocupar-me porque minhas joias não combinam com meu traje, observo se minha atitude combina com aquilo que professo crer. Antes de ficar imaginando se os outros me consideram fisicamente bonita, preocupo-me se os outros veem ou não a beleza de Cristo em mim. No entanto, o processo não está isento de batalhas.

A maior batalha que enfrento quando deixo que Deus transforme a minha mente acontece quando me vejo em fotografias. Talvez você reconheça a rotina. Sorri quando vê amigos e pessoas queridas, mas acha difícil sorrir quando se vê a si mesma. Avaliação, crítica e rejeição. Sem querer, você se compara com os outros na fotografia, talvez até desejando nem estar na foto. Porém quando você apaga a sua presença, apaga a lembrança.

Deus continuamente me lembra de que mais importante do que a minha opinião sobre a minha aparência numa fotografia é a lembrança criada por ela. Você evita câmeras porque o seu cabelo não está com a aparência certa, suas roupas estão bagunçadas demais, ou você está se achando muito gorda? Não se prive a si mesma nem aos outros a lembrança de uma fotografia, porque você está se vendo a partir de uma perspectiva errada.

Imagine uma mulher que vai até uma loja e compra um lindo colar de pérolas. O joalheiro o coloca numa caixinha de papelão. Quando chega a casa, a mulher exibe orgulhosamente sua aquisição. Sem se importar em olhar dentro, as amigas dela se espantam com a caixa e depois passam horas discutindo sobre como decorá-la com muitas fitas e laços. Observando a importância que suas amigas deram à caixa, a mulher todos os dias passa horas olhando-a e imaginando, se é tão linda quanto outras. Finalmente, ela começa a perguntar a razão do joalheiro não lhe ter dado uma embalagem melhor. Dia após dia, a mulher reclama da inadequação da sua caixinha e deseja que ela valesse mais. Entretanto, ela nunca abre a caixa. A verdadeira beleza permanece escondida, sem que seja apreciada e compartilhada.

Que ridículo! Comentamos. No entanto, Deus colocou um tesouro inestimável dentro de nós e, dia após dia reclamamos que a caixa não foi feita do nosso agrado. A verdadeira beleza permanece escondida, sem que seja apreciada e compartilhada.

O meu cabelo, rosto e corpo dizem muito pouco aos outros sobre as minhas paixões, sonhos e dons. Entretanto, se a minha identidade está em Cristo, quem eu sou por dentro será visível nas minhas atitudes. Uma vida vivida no Espírito é marcada por certos comportamentos — o fruto da minha vida — não pela minha aparência: "Mas o fruto do Espírito é: amor, alegria, paz, longanimidade, benignidade, bondade, fidelidade, mansidão, domínio próprio. Contra estas coisas não há lei" (Gálatas 5:22-23).

Desenvolver o fruto espiritual exige uma transformação da mente porque aquilo que penso e acredito determina a minha maneira de agir:

> "Porque, se alguém é ouvinte da palavra e não praticante, assemelha-se ao homem que contempla, num espelho, o seu rosto natural; pois a si mesmo se contempla, e se retira, e para logo se esquece de como era a sua aparência. Mas aquele que considera, atentamente, na lei perfeita, lei da liberdade, e nela persevera, não sendo ouvinte negligente, mas operoso praticante, esse será bem-aventurado no que realizar" (Tiago 1:23-25).

Da mesma forma, quanto mais estudo a Palavra *e a pratico,* mais sou transformada à imagem de Cristo. Quanto mais busco a Cristo, mais vejo a vida a partir da perspectiva correta.

Um paradoxo das Escrituras é que quanto mais nos ligamos a Cristo, maior é a liberdade que desfrutamos. Acreditar neste paradoxo exige uma mudança de perspectiva. Atuar neste paradoxo requer uma mudança de prioridades. Cultivar o fruto do Espírito exige trabalho. Muitas vezes nos convencemos de que mudar fisicamente é mais fácil do que desenvolver-se espiritualmente. Afinal de contas, um novo penteado não exige que eu encontre as áreas enfraquecidas do meu caráter e permita que Deus me conduza a uma mudança. Porém, um novo penteado não me liberta das expectativas irreais da beleza mundana, nem perder cinco ou sete quilos, o fará.

Pelo contrário, uma nova perspectiva e novas prioridades me tornam verdadeiramente livre. Após listar o fruto espiritual que devo cultivar, Paulo acrescentou: "contra estas coisas não há lei." Cuidar do crescimento do fruto espiritual transporta-me da escravidão à liberdade.

Para encontrar esta liberdade tenho que mudar a minha perspectiva do espelho do mundo, para o espelho da Palavra. Tentar encontrar beleza no espelho deste mundo me deixará arrebentada e perdida. Porém entregar-me ao espelho da Palavra revelará a maior beleza jamais conhecida. Afinal de contas, a Palavra é um espelho que reflete a própria verdade que nos liberta.

Permitir que Deus me ensine como amar a mim mesma mudará não apenas a minha vida, mas também a vida dos outros. Jesus sabia que amar a Deus com todo nosso ser, criaria um derramamento natural de amor. Após reafirmar o maior mandamento, Ele acrescentou: "O segundo, semelhante a este, é: Amarás o teu próximo como a ti mesmo" (Mateus 22:39). Nós que lutamos para nos amarmos estamos inseguras sobre, como aplicar o que sabemos sobre amar a nós mesmas à pratica do amor ao próximo. Muitas vezes o nosso amor pelo próximo está alicerçado sobre a necessidade de afirmação e valor. Como tal, nosso amor pelos outros é egoísta. Temos a intenção de amar ao próximo de modo altruísta, todavia nossas próprias inseguranças nos fazem usar as pessoas como uma medida de nossa própria importância. Como eventualmente encontraremos a nossa identidade naquilo que nos torna importantes, de maneira inadequada removemos a nossa identidade de Cristo e a encontramos em outros. Contudo, quando encontro o meu valor e a minha identidade em Cristo, sou capaz de amar os outros sem egoísmo, porque não estou preocupada com a valorização que eles me trazem, ou qual o valor que eles afirmam que tenho. Eu os amo pelo valor que Deus colocou neles.

Em meu ministério com jovens por quase dez anos, notei muitos detalhes sobre o temperamento feminino. As garotas são territoriais. Uma jovem reunirá as suas amigas ao seu redor e desafiará silenciosamente qualquer pessoa a perturbar a sua defesa social. Enquanto os garotos têm uma atitude relativamente tolerante em relação às amizades, as garotas fazem alianças e isolam os inimigos. Para as meninas, as amizades são um meio de proteção contra as forças da insegurança.

As mulheres não são muito diferentes. Enquanto as nossas batalhas são mais silenciosas e normalmente mais sofisticadas, nossas barreiras de defesa são mais espessas. Sentindo a intensidade de nossas próprias inseguranças, resistimos a novas amizades e nos sentimos ameaçadas quando nossas confidentes se abrem com outras pessoas além de nós. Podemos até abandonar uma amizade devido ao temor de uma troca de lealdade. O poema de Emily Dickinson, *A Alma Seleciona a sua Própria Sociedade* revela a exclusividade nos relacionamentos da autora:

> *Eu a conheci — de uma ampla nação —*
> *Escolheu Um —*
> *Depois — fechou as Válvulas de sua atenção —*
> *Como Pedra —*⁴

Apesar de podermos compreender o medo da rejeição e traição de Dickinson, também entendemos que, tal temor pode nos deixar incapacitadas de amar. De modo consciente ou inconscientemente, escolhemos os nossos amigos com base no nível de segurança que eles oferecem. Às vezes permitimos até mesmo que as nossas inseguranças determinem como vemos outras mulheres.

Todavia, quando o Espírito Santo transforma nossa perspectiva sobre nossa beleza, os nossos relacionamentos com as outras pessoas mudam:

> "E os que são de Cristo Jesus crucificaram a carne, com as suas paixões e concupiscências. Se vivemos no Espírito, andemos também no Espírito. Não nos deixemos possuir de vanglória, provocando uns aos outros, tendo inveja uns dos outros" (Gálatas 5:24-26).

Antes de nos compararmos com outras mulheres e nos tornarmos ciumentas, nós as vemos através dos olhos de Deus e somos gratas pelos seus dons e talentos únicos. Da mesma forma ao invés de sermos territoriais quanto às nossas amizades, acolhemos novos relacionamentos como oportunidades para ministrar o amor de Cristo, de modo mais efetivo.

Quando me enxergo a mim e aos outros através dos olhos de Deus, a minha vida, inclusive meu corpo se torna um instrumento na mão divina, que cumpre o propósito para o qual foi criado — glorificar e honrar um Deus extraordinário.

Devo me concentrar naquilo que é eterno apesar de viver num mundo temporal. O que é mais importante para os meus filhos: vestir uma roupa de tamanho médio ou demonstrar-lhes paciência e carinho? O que o meu marido valorizará mais em nosso casamento: meus seios firmes e glúteos tonificados ou minha demonstração de fidelidade e amor por ele? O que tem maior poder de inspiração? Maquiar-me de modo impecável combinando perfeitamente com meu traje, ou cultivar bondade e domínio próprio? Permitir que o Espírito Santo transforme minha mente, permite que Deus use toda minha vida para Sua glória.

Enxergar a beleza exige uma perspectiva divina. Se eu confiar em meu próprio entendimento, jamais terei a perspectiva correta. Porém, quando confio naquele sobre o qual toda a terra descansa, "...o véu lhe é retirado. Ora, o Senhor é o Espírito; e, onde está o Espírito do Senhor, aí há liberdade. E todos nós, com o rosto desvendado, contemplando, como por espelho, a glória do Senhor, somos transformados, de glória em glória, na sua própria imagem, como pelo Senhor, o Espírito" (2 Coríntios 3:16b-18). Quanto mais eu me aproximo dele, mais nítida se torna a minha perspectiva.

Aos Olhos do Pai
Reflexão Pessoal

Identifique uma das áreas da sua compreensão de beleza para a qual você precisa ouvir a sabedoria do Espírito Santo.

Como o conhecimento de que a sua identidade vem de Cristo deve impactar a perspectiva sobre a sua própria beleza?

Ser guiada pelo Espírito Santo é uma disciplina diária. Como você deve revestir-se "do novo homem que se refaz para o pleno conhecimento, segundo a imagem daquele que o criou" (Colossenses 3:10) todos os dias?

Reflita sobre os seus pensamentos e atitudes durante o dia. Como eles estão relacionados à visão de Deus, sobre a beleza?

Escreva qualquer pensamento ou atitude que precisa ser mudado, para que a sua vida esteja alinhada com a correta perspectiva da beleza espiritual.

Escreva pensamentos ou atitudes que revelam como o Espírito Santo está ajudando você a mudar sua perspectiva.

Há algum relacionamento em sua vida afetado por sua preocupação e busca pelo padrão de beleza mundana? Alguma de suas amigas foi moldada por suas inseguranças? Identifique pelo menos duas amigas e explique como foram afetadas por suas próprias percepções incorretas sobre a beleza.

Leia Filemon 6. Aplique este trecho das Escrituras aos relacionamentos que você identificou na pergunta acima. Enquanto responde à pergunta, lembre-se de que o verdadeiro tesouro está numa caixa.

Portanto, o verdadeiro tesouro da sua vida não está em sua aparência física ou habilidades, mas no fato de Cristo estar em você.

Leia Gálatas 5: 22-23. O nível de atenção que você dá ao Espírito Santo determinará a colheita dos frutos do Espírito em sua vida. Em seu momento de oração, peça ao Senhor para lhe mostrar dois frutos do Espírito que Ele deseja produzir em sua vida. Você precisa confiar na sabedoria do Espírito Santo para orientar o desenvolvimento destes frutos, e trabalhar ativamente para isso também. Faça uma lista de atitudes específicas para cultivar o fruto que o Senhor deseja produzir em você.

Sete

Meu corpo pós-parto

São extremamente comuns especialistas em boa forma que prometem recriar os corpos usando programas e produtos intermináveis. Porém, nenhum programa de exercícios ou remédio milagroso pode remodelar o corpo da mulher, mais rápido e drasticamente que uma gravidez. Com pouco esforço e após nove breves (ou longos — dependendo da perspectiva) meses, o corpo de uma mulher passa por mudanças maiores do que ela poderia imaginar.

Ao engravidar do meu primeiro filho, no começo meus pensamentos eram de como a minha aparência seria atraente e maternal, à medida que meu corpo adquiria um formato arredondado. Fiquei emocionada quando os botões das minhas calças não fechavam mais. Não me incomodei com o fato das minhas roupas do dia-a-dia começarem a apertar quando estava apenas no segundo mês de gestação. Eu estava ansiosa para começar a usar minhas novas roupas de grávida, então não fiquei apavorada com as 32 semanas que ainda tinha pela frente. Por que preocupar-se com uns quilinhos extras? Emagreceria rapidamente depois que o bebê chegasse.

No fim do meu segundo trimestre — agora extremamente entediada com as minhas roupas de gestante — comecei a lutar com o indício de que o meu traseiro estava crescendo em proporções alarmantes, que as minhas coxas estavam mais parecidas com pelotas de queijo, que o próprio queijo ricota, e que os meus seios estavam caindo de maneira descontrolada. A minha aparência podia ter sido atraente, quando estava vestida com roupas de gestante, mas quando ficava nua, a visão era completamente diferente. Fiquei imaginando como meu marido poderia de alguma forma me considerar atraente — talvez, ficasse uma gracinha, quando estava vestida — mas não atraente, muito menos sensual! De jeito nenhum, especialmente quando estava sem roupa!

Quando meu marido me dizia que eu estava linda, imaginava que a ideia da chegada do bebê afetara o cérebro dele e sua visão. Apesar de me sentir imensamente satisfeita com seus elogios e olhares, não conseguia afastar o temor de que ele estivesse desiludido. À medida que as semanas restantes se passavam e o meu corpo continuava crescendo, a chegada que se aproximava e as minhas visões eufóricas da maternidade me mantinham distraída. Além do mais, tinha outras tarefas a cumprir — tentar depilar as minhas pernas quando mal conseguia vê-las, achar um jeito de passar por espaços apertados e buscar desesperadamente (mas quase nunca encontrando) uma posição confortável para dormir. Quando aquelas vozes interiores me lembravam sobre o meu corpo dilatado (como se eu precisasse ser lembrada), me consolava pensando que estava grávida — e que perderia os quilos que ganhara por causa do bebê, assim que ele chegasse.

Finalmente, chegou o dia em que demos as boas-vindas para nossa filha que chegava a este mundo. Uma mulher jamais se sente tão magra como quando ela acaba com 3,5 a 4,5 kg após dar à luz e eliminar o líquido amniótico. Mesmo me vendo de corpo inteiro num espelho, não diminuiu a leveza que senti. Os "pneuzinhos" e a flacidez ainda estavam lá (com alguns novos que haviam surgido) e o meu traseiro — bem, definitivamente, ainda estava lá. Porém, me sentia uma nova mulher. Conseguia me curvar, conseguia depilar as minhas pernas e conseguia respirar. Eu me sentia esbelta.

Contudo, os sentimentos iam e vinham, à medida que os hormônios aumentavam ou diminuíam. No início da amamentação, fiquei imaginando como algo tão natural podia ser tão difícil. Mas a minha filha e eu seguimos em frente. Dizia-me a mim mesma que tanto ela quanto eu seríamos beneficiadas pela batalha. Ela receberia a melhor nutrição possível e eu voltaria ao peso que tinha antes da gravidez. Desfrutando do brilho da maternidade, que trouxe uma explosão de energia fora do comum, comecei a me exercitar novamente.

Após três semanas na minha nova vida, a realidade veio para ficar. Os exercícios ficaram de lado, à medida que percebia as dificuldades para cuidar de um recém-nascido. Amamentar tornou-se muito mais fácil, mas não consegui emagrecer como prometiam tantos livros e revistas sobre bebês.

A minha vida tinha mudado; o meu corpo tinha se transformado.

Em meio ao que pareciam ser milhões de fraldas e as exaustivas amamentações noturnas, rapidamente chegou a hora de deixar de lado as minhas roupas de gestante. Entretanto, estava enfrentando um pequeno dilema (se é que o dilema de uma mulher com o seu guarda-roupa pode ser algum dia chamado de "pequeno"). Eu estava pronta para me desfazer das roupas de grávida, porém havia perdido apenas 4,5 kg dos quase 16 que ganhara e ficar sem roupa estava fora de questão. Tive que escolher entre prender-me à fantasia de que emagreceria rapidamente após a gravidez ou enfrentar a realidade de que, apesar da nova vida em mim ter se separado do meu corpo, a maior parte do peso adquirido com a gestação, permanecia.

O desafio não era simplesmente achar roupas que servissem em meu corpo, mas também encontrar uma nova identidade que se encaixasse em meu novo corpo maternal. Quem eu era e como eu via o meu novo eu? O meu conceito de amor se expandiu no momento em que abracei a criaturinha que imediatamente conquistou meu coração. Eu a amava por inteiro, sem reservas. Todavia, a luta para me amar por inteiro persistia — era uma batalha. Como poderia olhar para mim mesma e sentir ao mesmo tempo uma alegria contagiante por ser mãe, e, uma insatisfação esmagadora com o que acontecera com o meu corpo?

Quando percebi que as roupas de outrora não me serviriam tão cedo, e que, o meu descontentamento era agravado pelo dilema com minhas roupas, convoquei o apoio moral de uma amiga e fomos comprar roupas novas e maiores. Armada com um pouquinho de dinheiro extra e a força de vontade de uma mulher que não tinha nada para vestir, me preparei para enfrentar o desafio que me esperava.

Almoçamos num restaurante tranquilo antes de começarmos as compras. Protegida pela segurança da cabine longe dos espelhos dos provadores e etiquetas indicadoras de tamanho, compartilhei com minha amiga sobre a obra que Deus começara em minha vida, no que se referia a minha autoimagem.

Discorri longamente sobre o desejo de libertar-me da definição de beleza mundana e sobre minha nova determinação em encontrar minha beleza na mulher que Deus planejara para ser.

Entretanto, o que não compartilhei com minha amiga foi a dualidade dentro de mim. Eu acreditava que Deus iniciara uma boa obra em mim mostrando-me como a definição de beleza divina era completamente diferente da mundana. Os sentimentos de inadequação e autopunição que me escravizaram por tanto tempo, começavam a dissolver-se na presença do amor e da graça de Deus. Porém, os ídolos permaneciam nos padrões que me controlavam. A batalha para enxergar minha beleza continuava, e eu ainda desejava, perder o peso que ganhara com a gravidez, e alguns quilos a mais. Achava que me sentiria completamente confiante e me tornaria a pessoa que Deus me criara para ser.

Falar sobre autoaceitação era algo fácil de fazer enquanto mastigava ruidosamente o pão francês e o quiche de frutos do mar. Contudo, aceitar meu corpo e minhas atitudes era extremamente difícil quando via meu reflexo nos espelhos dos provadores e nas vitrines das lojas. No entanto, em algum momento para que a verdade fosse estabelecida, meus valores e a realidade deviam se encontrar.

Começando as minhas aventuras nas compras, decidi não experimentar nenhuma calça, já que achar alguns vestidos descontraídos para trabalhar era mais importante. Entretanto, o impulso venceu-me rapidamente. Decidi provar uma calça jeans só para ver qual tamanho me serviria. Passando pelo meu costumeiro tamanho 46, também passei pelos 48 e 50 e fiz uma pausa meditativa diante do número 52.

Apostando em minha aparência mais otimista, peguei um par de calças e fui para o provador, arrastada por um bebê. Tentara me preparar para a visão, mas não estava preparada para o que vi: cada marca de estria e cada centímetro a mais, de todos os ângulos imagináveis. No entanto, ainda tinha esperanças, fui em frente, crendo contra a esperança, que o meu corpo passaria por uma transformação miraculosa no momento em que o jeans passasse pelos meus tornozelos.

Enquanto gentil e depois vigorosamente, puxava a calça pelas pernas fiquei desanimada com a visão no espelho. Eu ainda parecia uma mãe pós-parto, com a calça jeans grudando em minhas pernas. Tirei o jeans devagar e ao mesmo tempo sentia que o meu orgulho estava desaparecendo.

Suspirei quando voltei para as minhas calças de gestante com elástico.

Quando coloquei a calça jeans de volta na prateleira, a vendedora me perguntou se eu havia encontrado o que procurava.

Não, a menos que a calça jeans venha com um novo corpo, pensei. Ao invés disso, disse: "Não obrigada. Vou esperar mais um pouco antes de comprar um jeans."

Ela entendeu imediatamente. "Antes que o meu filho chegasse tinha pelo menos umas 20 calças jeans," disse ela para me encorajar. "Depois que ele nasceu eu não cabia em nenhum deles. Todo mundo me dizia que emagreceria rapidamente se amamentasse. Não foi assim. Mas quando ele completou cinco meses, eu tinha perdido todo o peso e cabia em todos os meus jeans."

Dois pensamentos cruzaram a minha mente: Não parece que você já foi gorda algum dia em sua vida, e, ainda há esperança para mim.

Eu me agarrei à última alternativa. Ainda faltavam três meses para que minha filha completasse cinco meses de vida. Talvez estivesse me precipitando..., e minha amiga e eu saímos para procurar alguns vestidos casuais.

Como encontramos dois vestidos do tipo avental surpreendentemente estilosos que esconderiam todas as marcas de estria e vazamentos de leite dos seios, considerei que a nossa primeira incursão no mundo das compras foi um sucesso. Afinal de contas, eu voltaria ao meu peso normal e poderia usar a minha boa, velha e confortável calça jeans tamanho 46.

No entanto, muitos meses após o nascimento de minha filha eu não chegava nem perto do tamanho 46. Estava tão longe disso, como minutos após o parto. Sentindo que o meu velho inimigo se aproximava, pedi a Deus que continuasse a boa obra que Ele havia começado. Continuei lutando, mas por dentro estava esperançosa. Lutei. Batalhei. Eu não desistiria.

Antes do nascimento da minha filha, achava que a minha luta com a autoestima ficara em grande parte no passado. Porém, no período adicional e inesperado de batalha, descobri que aprender a amar o meu corpo é uma jornada. Compreender a beleza divina é um processo. Observar as mudanças em meu corpo através da dádiva do nascimento de uma criança era apenas um trecho da jornada. Minha vida tinha mudado; meu corpo tinha se transformado; mas Deus não. A gravidez modificou o meu corpo; a maternidade transformaria minha mente.

Eu tinha dado à luz — vida que saiu do meu corpo — e queria me ver como a minha filha me via. Sabia que precisava deixar que a maternidade mudasse a minha definição de beleza. Se não permitisse que isto acontecesse, estaria roubando de mim as alegrias da maternidade.

Mais importante, Deus havia feito nascer vida do meu corpo e eu precisava me ver como Deus me via.

Durante este período, descobri dois conceitos-chave sobre a minha beleza. Primeiro, o meu corpo tinha realizado uma proeza incrível fazendo uma vida nascer. As mulheres cristãs sabem que os filhos são presentes do Senhor, mas raramente relacionamos esta verdade aos nossos próprios corpos. Como declarou o rei de Israel, Davi: "Herança do Senhor são os filhos; o fruto do ventre, seu galardão" (Salmo 127:3). Todavia, após dar à luz esquecemos rapidamente a maravilha do nascimento das estrias que destroem nossa pele, que um dia fora suave.

Ao contrário das mulheres modernas, o antigo salmista Davi reconhecia e reverenciava o processo da criação:

> "Pois tu formaste o meu interior, tu me teceste no seio de minha mãe. Graças te dou, visto que por modo assombrosamente maravilhoso me formaste; as tuas obras são admiráveis, e a minha alma o sabe muito bem; os meus ossos não te foram encobertos, quando no oculto fui formado e entretecido como nas profundezas da terra. Os teus olhos me viram a substância ainda informe, e no teu livro foram escritos todos os meus dias, cada um deles escrito e determinado, quando nem um deles havia ainda" (Salmo 139:13-16).

Em seu comentário sobre Salmos, Charles Spurgeon discutiu a complexa ligação que temos com Deus no momento da nossa criação:

> Lá estou eu escondido — encoberto por Ti. Antes que eu pudesse te conhecer ou alguém mais, Tu cuidaste de mim e me resgataste como

um tesouro [...] Assim o salmista descreve a intimidade que Deus teve com ele [...] Ainda por nascer, ele estava sob o controle e cuidado de Deus.[1]

No momento em que fomos criadas nos tornamos as mais preciosas e cobiçadas obras de arte — escolhidas, guardadas e amadas. Como uma mulher de Deus devo reconhecer que fui formada de modo "assombrosamente maravilhoso", porque sou um produto da mão criativa do Deus Altíssimo. Eu sou formada de modo "assombrosamente maravilhoso" porque tenho acesso a uma das maiores intimidades que os humanos podem conhecer — um relacionamento pessoal com Deus.

O termo *temeroso* muitas vezes nos faz pensar em alguém que está ansioso e com medo. Porém colocada no contexto das habilidades divinas, a palavra adquire um novo significado. Quando estamos assombradas com a obra de Deus, contemplamos com absoluta atenção e reverência as possibilidades que existem na própria palma da Sua mão. Sendo assim eu fico completamente diante de Deus e de Seu propósito para a minha vida em vez de preocupar e oprimir-me pela cultura do nosso mundo.

Estar temerosa com a obra de Deus significa perceber que as possibilidades para a minha vida vão muito além daquilo que sou capaz de realizar por mim mesma. Elas existem nas habilidades de um Deus infinito. E se as possibilidades para a minha vida existem nas habilidades de um Deus infinito, devo definir quem eu era no momento da criação, quem sou hoje e quem serei amanhã, enquanto Deus me define, ou seja, feita de "modo assombrosamente maravilhoso." Preciso declarar como o salmista: "as tuas obras são admiráveis, e a minha alma o sabe muito bem." Estas palavras estão nas profundezas do meu ser, que anseiam ser ouvidas acima dos ruídos deste mundo. Eu fui formada por um Criador perfeito e imaculado, Ele me ama íntima e profundamente e posso descansar com satisfação em quem eu sou em Cristo Jesus.

Então o que esta discussão tem a ver com estrias e excesso de celulite?

Quando entendo a obra poderosa da natureza criativa de Deus em me conceder vida, posso começar a compreender a tarefa formidável e reverentemente inspiradora que o meu corpo cumpriu em fazer nascer uma vida que foi tanto escrita quanto criada por Deus. Quando uma mulher carrega um filho, Deus não a vê como uma figura roliça e diz: "Puxa vida, olha o tamanho dela." Pelo contrário, Ele observa as profundezas do seu ventre, ouve as batidas do coração da criança e reflete sobre o destino dela. Por que então olhamos para o corpo que proveu alimento, calor e proteção para esta vida e rejeitamos as evidências físicas desta experiência?

Durante a gravidez tive uma conversa com uma colega de trabalho e expressei a minha confiança de que o meu corpo voltaria às condições normais de antes da gestação. "Não, não voltará", afirmou ela inequivocamente. "O seu corpo jamais voltará a ser como era antes deste bebê. Porém isso não fará diferença para o seu marido. Ainda assim ele verá a beleza do seu corpo. Talvez até mais belo porque o seu corpo foi aquele que lhe deu este filho."

Hoje entendo muito melhor a sabedoria dela do que naquela época. Ela estava certa sobre a minha figura. Ela estava certa sobre o meu esposo. A maternidade muda tudo. Até mesmo o seu conceito de beleza e o conceito de beleza do seu marido.

Segundo, descobri que, por incrível que pareça, meu marido me acha mais bonita hoje, do que quando estava 18 kg mais magra. Eu acho difícil acreditar nisso. Porque sou cética, tenho dificuldade em deixar que meu esposo viva esta verdade. Apesar disso, nos últimos anos, aprendi que quando eu o coloco numa caixa rotulada com a expressão "a visão da sociedade sobre os homens," subestimo quem ele realmente é e quem ele pode ser em Cristo.

Em seu artigo "Insatisfações com o Corpo", a escritora Holly Robinson trata da incredulidade da mulher em considerar-se bonita, apesar dos quilinhos a mais:

> O peso do bebê — aqueles quilinhos extras que permanecem por muito tempo após a gravidez — é a fonte de uma grande frustração para muitas "novas mamães". E não é apenas o pensamento de se espremer num traje de banho que nos incomoda. Mais perturbadores são os temores profundamente sedimentados, de que o corpo pós-parto vai nos tornar pouco atraentes sexualmente. Afinal de contas, nós imagina-

mos, existe algum aspecto atraente nas estrias, no abdômen flácido e nos seios caídos [...] porém o fato é que a maioria dos homens não se importa se o traseiro da mulher está maior ou se a barriga está mais arredondada [...] um "pai de primeira viagem" cuja esposa emagreceu somente sete dos 27 kg que ganhou durante a gestação, concorda: "A aparência da minha mulher não influenciou, de maneira alguma, o meu desejo por ela. Eu a amo ainda mais porque ela é tão boa mãe."

Muitas vezes, as mulheres acham difícil acreditar em sentimentos como este — e não é motivo de espanto. Estamos cercadas por imagens da mídia que equiparam sexualidade com corpos saudáveis e sarados, e a figura materna é frequentemente apresentada como definitivamente não-sensual.[2]

As mulheres cristãs sabem que a sexualidade vai muito além, e, é muito mais profunda que o aspecto físico. Ou, pelo menos, deveríamos saber. A autora Cathy Winks afirma que a sexualidade de uma mulher "é menos sobre vestidos charmosos e mais, sobre ter um corpo poderoso que pode fazer coisas maravilhosas."[3] Afinal de contas, "as estrias, o abdômen flácido e os seios caídos" são lembretes não apenas do ato criativo de Deus dentro do meu corpo, mas também da profunda intimidade que existe entre o casal.

Contudo, muitas vezes, as nossas próprias inseguranças atrapalham os relacionamentos com nossos maridos. Vemos as jovens modelos magras nas revistas e sabemos sem dúvida nenhuma que o nosso excesso de celulite, os olhos cansados e o cabelo escorrido e perfumado não podem competir com elas. Convencemo-nos de que enquanto, os nossos maridos fazem amor conosco, se imaginam na companhia de uma versão mais jovem, mais magra e mais perfumada que nós. Enquanto nós valorizamos estes momentos de intimidade, pincelamos suavemente memórias tristes daquilo que não somos. Enquanto isso, os nossos maridos estão simplesmente tendo prazer conosco — do jeito que somos, não como gostaríamos de ser.

Uma mulher que compreende a sua beleza em Cristo permitirá, não só que seu marido veja o seu corpo em transformação, como belo, mas também lhe dará a liberdade de dizer-lhe que ele acha lindo o corpo dela. Ela não o rejeitará quando ele a procura sexualmente, devido as suas próprias concepções errôneas, do que ela acha que ele quer. Em seu artigo "Será que Farei Sexo Outra Vez?" Robinson escreveu:

> A triste verdade é que as mulheres aceitam melhor que os homens, a ideia de que ser magra e jovem é a única forma de ser sexy. Como um "novo papai" Bob Snyder diz: "Eu não percebi como o fato de ter um bebê mudaria dramaticamente os sentimentos que minha esposa sentiria sobre si mesma sexualmente. E o que

ela não percebeu foi que para mim, ela era tão bonita no dia em que voltamos para casa após sair do hospital, quanto ela sempre foi, porque para mim ela é a minha bela, minha noiva e meu amor."[4]

Como uma mulher de Deus, tenho que confiar no coração do meu marido e acreditar nele quando me diz que me deseja. Eu sou a mulher que ele escolheu, renunciando a todas as outras. Tenho que deixar que ele continue me escolhendo — do jeito que eu sou — pois ele é o meu amado e eu sou dele.

Olhe nos olhos da criança que carrega a sua imagem e a do seu amado e alegre-se com a poderosa obra de Deus. Comparado ao grande destino da maternidade, o seu corpo transformado não é uma consequência significativa. Não passe os seus dias desejando ser outra pessoa enquanto o seu filho está por perto, olhando para você e não querendo outra mãe além de você.

Aos Olhos do Pai
Reflexão Pessoal

Você acredita que é feita "de modo assombrosamente maravilhoso"? Por que sim ou não?

Leia Romanos 9:20. Faça uma paráfrase desta passagem bíblica, em relação a como você vê seu corpo.

Como as suas lutas com a autoimagem influenciam o seu relacionamento com o seu marido física e emocionalmente?

Você acredita no seu esposo quando ele diz que você é bonita? Por que sim ou não?

Você avalia o seu marido de acordo com o padrão mundano para os homens, seja esperando que ele pareça com a imagem que o mundo tem de masculinidade ou achando que ele pensa e age como o mundo faz? Se a sua resposta é sim, como estas avaliações influenciaram a sua relação com o seu esposo?

De que forma os seus sentimentos em relação a si mesma, sobre o seu corpo influenciam o seu relacionamento com seus filhos?

O que você deseja que seus filhos compreendam sobre a beleza?

Como você deseja que o seu entendimento sobre a perspectiva de beleza divina influencie a sua relação com seu marido?

Enquanto você pede ao Senhor que realize isto em sua vida, lembre-se das palavras que Deus disse através do profeta Jeremias: "Eis que eu sou o Senhor, o Deus de todos os viventes; acaso, haveria coisa demasiadamente maravilhosa para mim?" (Jeremias 32:27).

Oito

Uma figura modelo

Quer você goste ou não, está sendo observada. Quer você seja mãe ou não, está sendo observada. Se pudesse transmitir qualquer legado para a próxima geração de mulheres qual seria?

O efeito da mídia sobre as mulheres é inegável, porém questiono se realmente compreendemos até que ponto nós fomos seduzidas pela mensagem do mundo. Olhamos para uma adolescente de calças largas, ou com vários piercings e tatuagens e dizemos que a aparência dela reflete os valores mundanos. Mas, e a mulher cristã que pinta o cabelo e faz penteados iguais aos de uma atriz popular, e que sonha em ser parecida com uma modelo de revista feminina? O princípio é o mesmo.

Prestamos um grande desserviço a nós e às nossas jovens, ao ignorarmos não só o espelho da cultura jovem, mas também o nosso próprio. Como esposa de pastor de jovens, desanimo cada vez mais com os desafios que enfrento com as adolescentes, no que diz respeito ao decoro. Ainda assim, entendo que elas, assim como eu, são influenciadas pela própria cultura e pela necessidade de sentirem-se pessoalmente valorizadas — mesmo que isto signifique serem reduzidas a um objeto.

Quando vejo uma adolescente igualar a beleza conforme os padrões da sociedade, começo a observar o que as mulheres da igreja oferecem como alternativa. Infelizmente, vejo mães que, propositalmente, compram roupas indecentes para que as suas filhas se enturmem no grupo, mulheres que expandem, por conta própria, os padrões de decoro, e mulheres que não se vestem de maneira indecente, mas com certeza não possuem qualquer senso do que a beleza deveria significar para a mulher cristã.

A psicologia moderna nos mostra que essa insegurança sobre a imagem corporal é um dos marcos do início da adolescência. Infelizmente, as preocupações com a aparência física parecem interromper a inocência da infância, cada vez mais cedo. Preocupações anteriormente associadas às garotas no ensino médio, agora invadem os pensamentos de meninas de sete ou oito anos de idade, obcecadas com o seu peso e sua aparência.

Em *Reviving Ophelia: Saving the Selves of Adolescent Girls* (O Resgate de Ofélia: O drama da adolescente no mundo moderno), Mary Pipher examinou o impacto da cultura sobre o desenvolvimento emocional e mental das garotas. Ela soou um alarme muito necessário, a respeito das forças destrutivas da cultura sobre as adolescentes. Falando sobre a profunda insatisfação que as garotas sentem em relação aos seus corpos, ela escreveu:

> Exatamente no momento em que os seus corpos estão se tornando arredondados, dizem para as garotas que ser magra é bonito, até imperativo. Elas odeiam as imprescindíveis aulas de ginástica, nas quais outras adolescentes falam sobre as suas coxas grossas e estômagos. Uma menina me falou sobre a experiência que teve ao tomar banho ao lado de uma dançarina de aproximadamente 38,5 kg, que estava fazendo uma dieta radical. Pela primeira vez na vida ela olhou para o corpo dela e ficou descontente.[1]

A pesquisa de Pipher adquiriu um tom pessoal, quando uma das mães da igreja compartilhou comigo a frustração de sua filha com o clima no vestiário feminino do colégio. Após a aula de ginástica, as garotas geralmente pegavam as roupas umas das outras, para ver que tamanho as colegas estavam vestindo. Embora esta mãe monitorasse o tipo de informação que a sua filha absorvia através da mídia, ela era incapaz de protegê-la do impacto das expectativas mundanas — mesmo no ambiente de uma escola cristã.

Não obstante a pesquisa ter sido feita com pelo menos dez anos de intervalo e em áreas profissionais distintas, a psicóloga clínica Mary Pipher e o especialista em cultura jovem

Paul Robertson, chegaram à mesma conclusão sobre a influência da mídia nas adolescentes. Pipher falou não apenas com base em sua experiência profissional com adolescentes, mas também de sua experiência individual como mãe:

> As revistas para adolescentes são um bom exemplo do treinamento em "aparências" que as garotas recebem. Enquanto aguardava em uma farmácia para apanhar uma receita, folheei algumas revistas. Todas as modelos pareciam ter 1,80 m e eram anoréxicas. A ênfase estava na maquiagem, moda e peso. As garotas eram incentivadas a gastar dinheiro, fazer dieta e exercícios para conquistar o visual que atrairia os garotos. Aparentemente, atrair os garotos era o único propósito da vida, pois as revistas não tinham nenhum artigo sobre carreira, hobbies, política ou desenvolvimento acadêmico. Não consegui encontrar qualquer coisa que estivesse expondo a mensagem: "Não se preocupe em se sentir bem ou em ser uma boa pessoa, preocupe-se com a boa aparência."[2]

Não mudou muita coisa desde 1994. Embora a sociedade pareça estar mais consciente sobre a prevalência e os perigos dos distúrbios alimentares, continuamos nos curvando diante do ídolo da magreza.

Robertson passou "inúmeras horas examinando minuciosamente um exemplar de uma revista de adolescentes, não deixando de analisar nenhum anúncio ou artigo." Ele afirmou que:

> O poder que a mídia tem para ditar valores e padrões continua a crescer. Nossas crianças passam centenas de horas, todos os anos, com os seus heróis da mídia, gastam bilhões tentando se parecer com eles. As garotas são influenciadas por padrões inatingíveis, padrões pulverizados de beleza que nem as próprias garotas da capa conseguem atingir.[3]

Na época em que as garotas são mais influenciáveis, estão sendo seduzidas por um ideal vazio e ilusório, e ainda lhes dizem para usá-lo como um modelo para os seus corpos e suas vidas.

A pesquisa de Pipher e Robertson confirmou o que eu experimentara como esposa de pastor de jovens e educadora de ensino médio, mas eu queria observar, mais profundamente, para ver se ela refletia as experiências dos estudantes em nosso ministério jovem. A minha pesquisa informal e não-científica confirmou a preocupação de que os nossos adolescentes estão absorvendo mensagens problemáticas. Quando perguntados sobre qual a mensagem enviada pela mídia, no que se refere ao valor e à beleza da mulher, eles responderam:

"Você tem que ser bonita para ser alguém" (feminina).

"Ela se importa mais com a aceitação dos outros do que em autoaceitação" (masculina).

"As revistas e a televisão acreditam que a mulher que mostra seu corpo é sensual e bonita" (feminina).

"Só corpo" (masculina).

"Uma mulher deve ter um determinado tamanho de seios [...] não pode estar acima do peso, nem muito magra apenas "perfeita". Uma mulher deve maquiar-se e usar roupas reveladoras para ser "bela" (feminina).

"Tem tudo a ver com quão sensual você é" (feminina).

A clássica preocupação das adolescentes é o relacionamento com o sexo oposto. Bem conscientes desta inquietação, os editores de revistas juvenis atraem as leitoras com artigos que oferecem dicas sobre um tiro certeiro para qualquer garota que espera conquistar o "garoto" dos seus sonhos. Explorando esta mesma ideia, embora às vezes, com mais sutileza na abordagem, os anúncios usam fotos para criar o conceito de que produtos garantem popularidade, e também felicidade. Muitas propagandas que vendem produtos para mulheres apresentam figuras masculinas. Algumas vezes, os homens servem apenas de pano de fundo; em outras ocasiões são apresentados em poses muito másculas, geralmente sensuais.

É mais comum os homens aparecerem de peito desnudo e são sempre modelos culturais de perfeição corporal. Estas propagandas não só perpetuam o ideal que se espera das jovens mulheres, a perfeição física, mas que elas também devem desejar homens fisicamente perfeitos.

Qualquer pessoa que dê uma olhada nas revistas para adolescentes encontrará as mesmas mensagens que Pipher e Robertson relataram. Certa revista apresenta manchetes principais e secundárias tais como: "Encontre o Visual Perfeito" e "Os Penteados Mais Quentes de Hollywood."[4] Até mesmo as revistas direcionadas para pré-adolescentes, oferecem artigos do tipo: "Você! Apenas Melhor [...] O Novo Visual que Você Deve Experimentar" e anúncios de produtos que "tornarão a sua vida mais iluminada, mais feliz, e ajudarão a divertir-se e ter um visual maravilhoso."[5] Do início ao fim, as leitoras enfrentam uma avalanche de produtos que prometem tornar as garotas mais bonitas, mais populares e, portanto, mais felizes. É impressionante a ausência de artigos sobre o desenvolvimento do caráter nestas revistas.

Desmotivada pela ênfase na beleza exterior nas revistas juvenis, tive um vislumbre de esperança quando li a manchete: "A Busca da Alma: Como ser Bonita por Dentro"[6] numa revista para adolescentes. Contudo, indo rapidamente até o artigo, desapontei-me ao encontrar uma lista de exercícios de ioga, três citações de leitoras sobre oração e instruções sobre um "exercício de caminhada [...] que deve ser feito ao entardecer, para que conecte [o caminhante] ao poder da terra." Este artigo não só deixou de definir a beleza interior, mas também ignorou o anseio inerente a toda mulher, jovem e idosa, de conhecer e alcançar a verdadeira beleza.

Quando era adolescente, o modelo cultural para as garotas era ser magra, ter um cabelo bonito, uma bela maquiagem e usar roupas da moda. As tradições de hoje são semelhantes, mas os riscos são muito maiores. Se acreditarmos no que lemos, o apelo sexual de uma garota é a medida de sua beleza. Ou nos esquecemos do verdadeiro significado da palavra sexy ou a intenção da sociedade é que as garotas sejam julgadas pela sua capacidade de serem sexuais. O uso descuidado deste termo, e as referências sutis e não-sutis ao ato a que se referem, me deixaram atônita. As garotas podem abrir as páginas das revistas juvenis e descobrir como "Conseguir um Cabelo Sexy Agora!"[7] Ou elas podem dar uma olhada para encontrar dicas de maquiagem num artigo intitulado "Um Show de Olhar: A Sombra Ousada da Primavera é uma Garantia de que Você Será Notada."[8] Para achar trajes que repelem chuva, mas não garotos, elas pode ler a reportagem sobre "A Tempestade Perfeita: Roupas Práticas e Sexies Para Dias Chuvosos." Voltando várias páginas, elas poderiam descobrir "Três Passos Para um Cabelo Sexy."[9] Afirmar que uma pessoa tem uma aparência sexy significa dizer que ela é desejável para o sexo.

Acima de tudo, é sugerir que ela está disponível para o sexo. É esta a mensagem que queremos que as garotas ouçam?

Não apenas se espera que as meninas reconheçam e usem a sua sexualidade para alcançar aceitação, elas também devem reconhecer e afirmar a sexualidade dos seus pares masculinos. Noutra revista, as leitoras deveriam votar no homem que "seria a capa do [seu] exemplar dos 'Garotos Mais Sexies do Mundo.'"[10] Esta mesma revista inclui um pôster masculino a cada mês e também uma sessão na qual as meninas podem dar notas para um rapaz, com base na aparência física dele. De acordo com esta perspectiva, os homens e as mulheres são valorizados se, provocarem uma reação sexual.

Os publicitários seguem o mesmo exemplo com as suas referências ao sexo para vender produtos. Uma loja muito famosa de produtos para adolescentes em nosso shopping center tinha uma placa com um anúncio, onde se lia: "O jeans mais sexy da atualidade agora sai quase de graça."[11] Embora a expressão "quase de graça" fosse uma referência óbvia ao preço, a foto era um perverso jogo de palavras com uma mulher vestida apenas com uma calça jeans, e uma jaqueta estava nos braços de um homem de peito desnudo que usava um jeans. A mesma loja apresentou mais tarde uma vitrine, que mostrava um manequim feminino com a camisa totalmente desabotoada e exibindo parcialmente os seios. No letreiro se lia: "Coelhinha de dia, devoradora de homens à noite."[12]

Os fabricantes de jeans são alguns dos piores ofensores a utilizar o sexo para vender seus produtos. Anúncio após anúncio, em revistas voltadas para o público adolescente, mulheres apresentam-se em trajes e poses extremamente sensuais. Apesar dos jeans colados de hoje em dia pressionarem os padrões do decoro, uma empresa vai ainda mais longe anunciando "jeans de cós ajustáveis." No quinto passo do ajuste do jeans lê-se: "Abaixe de acordo com o nível ou 'efeito' desejado." O anúncio inclui a seguinte advertência: "Somente experimente isto em casa. Não tente abaixá-lo demais. Fazer isso resultará em nudez."[13] Às vezes, o próprio produto em si se perde na divulgação da sexualidade.

Robertson expressou a preocupação de que as revistas para adolescentes rebaixam as nossas garotas ao que elas vestem, ao perfume e maquiagem que usam."[14]

Eu iria um passo adiante e diria que as revistas e campanhas de publicidade atuais "reduzem as nossas garotas apenas" à sua sexualidade. O que é mais assustador para mim é perceber que embora a perfeição física permaneça como um ideal ilusório para as adolescentes, o exibicionismo sexual e a promiscuidade não o são.

Como se não bastassem as propagandas e os artigos das revistas para promulgar a ideia de que sexualidade é beleza, muitas artistas e atrizes famosas — exatamente aquelas que servem de exemplos para as garotas hoje — perpetuam o mesmo conceito.

Uma entrevista com a cantora Christina Aguilera num programa da rede americana de televisão ABC, ilustrou a forma como os ícones da cultura estão caminhando para uma definição de beleza mais sexualmente explícita. Na sua introdução a entrevista, Bárbara Walters classificou a "nova atitude" de Aguilera como "suja e bela". De acordo com Walters, Christina estava "se desfazendo da sua antiga imagem e de muitas roupas."¹⁵

Como ela detestava o rótulo de "princesa do pop," Aguilera explicou que mudara deliberadamente porque precisava ser verdadeira consigo mesma. Para ela, ser verdadeira consigo mesma significava livrar-se da falsidade e desnudar a alma expondo seu corpo. Ironicamente, a sua canção *Beautiful* (Linda) apresenta argumentos contrários às percepções culturais que fazem das mulheres, objetos.

Após estudar o impacto das músicas de Aguilera nas adolescentes de hoje, o especialista em cultura jovem Walt Muller escreveu o seguinte a respeito da canção *Beautiful*:

> Lançada como um *single* e um vídeo, a balada lenta e envolvente foi absorvida pelas crianças — tanto meninas quanto meninos — que se sentem fisicamente inadequados e lutam com as questões de imagem corporal. A mensagem [...] é simples e direta: você é uma pessoa bonita, não importa o que os outros digam.¹⁶

Embora na igreja, nós muitas vezes expressemos o mesmo sentimento, Aguilera coloca uma interpretação diferente no seu significado. A mensagem do vídeo e do estilo de vida de Aguilera é: a beleza de uma mulher está na sua capacidade de ser sexualmente provocante e se envolver em experiências sexuais.

Entrelaçadas com as imagens provocantes da nova atitude e as afirmações ousadas de Aguilera, de que ela é feliz do jeito que é, são referências ao abuso que sofreu do seu pai e o seu subsequente abandono físico e emocional. Fico imaginando se ela enxerga qualquer relação entre a sua sexualidade agressiva e a falta de relacionamento com seu pai. Aguilera disse: "Eu nunca quis me sentir vulnerável para um homem." A sexualidade exagerada que ela vê "apenas como eu sendo eu" parece ser uma tentativa de controlar os homens explorando, o seu próprio corpo.

Respondendo às críticas de que a sua nova perspectiva é inadequada para alguém que é um exemplo para as jovens adolescentes, Aguilera declarou: "Eu acho que as pessoas se assustam quando uma mulher se sente confortável consigo mesma, com a sua sexualidade."

Entretanto, o público que ela atinge não abrange somente as mulheres, e enquanto ela está "se divertindo e se expressando" aos 21 anos, os seus fãs incluem aqueles que ainda não chegaram à pré-adolescência.

Ao final da entrevista, a comentarista afirmou que Christina Aguilera "talvez tenha redefinido o que significa ser bela" e que Aguilera está "confiante que não importa o que as pessoas digam, ela sabe o que significa ser bela." Bárbara Walters fechou o segmento fazendo uma referência ao sucesso de Aguilera com a nova canção *Dirt* (Sujeira): "A nova imagem não prejudicou a carreira de Christina. Sorte dela."[17]

Sorte dela? É esta a melhor resposta que as mulheres mais maduras em nossa sociedade têm para oferecer às adolescentes hoje?

O mundo está apto para plantar as suas filosofias a respeito das mulheres e da beleza, nos corações das adolescentes. As vozes são muitas, mas a mensagem é a mesma: a sexualidade de uma garota é a sua beleza. Contudo, esta é uma mensagem de morte. Satanás deseja destruir os corações das adolescentes através da destruição de seus corpos.

Infelizmente, a resposta da comunidade cristã tem sido terrivelmente inadequada. Como esposa de um pastor de jovens, ouvi muitas mulheres expressarem o seu desânimo e outras a sua indignação, com a falta de decoro nos trajes das adolescentes. Embora, concorde completamente que temos um padrão de decoro para zelar, perdemos a nossa capacidade de comunicar esta mensagem às garotas. Muitas vezes, dizemos: "Não se vista assim" e esperamos que a nossa admoestação seja o suficiente. Todavia, se não tivermos nenhum outro padrão de beleza a oferecer e nenhuma orientação através da qual elas possam aprender o seu valor em Cristo, não poderemos esperar que elas percebam a força destrutiva dos padrões mundanos.

Talvez sejamos incapazes de combater as afirmações do mundo sobre a beleza, porque estamos ocupadas demais comprando a mesma ideia. Apesar das mulheres mais maduras provavelmente não lutarem com as questões da sexualidade e falta de decoro que as adolescentes enfrentam, ainda assim lutamos para alcançar o padrão mundano de beleza.

Estejamos ou não preparadas para isso, seremos modelos para as garotas ao nosso redor. Se elas nos virem desejando ser parecidas com o mundo, continuarão a sua busca pela aceitação e afirmação do mundo — sexualidade e tudo mais.

Uma vez o meu marido e eu tivemos a oportunidade de sair para jantar com uma jovem cantora cristã. Após lançar os CDs e fazer uma turnê pelos Estados Unidos com outros artistas famosos, ela foi confrontada cara a cara com a visão idealista, que até mesmo os cristãos têm sobre beleza. Chegando ao terminal aéreo, ela foi recepcionada pela comitiva encarregada de buscá-la no aeroporto. Quando a viu, a pessoa exclamou como ela parecia diferente da capa do CD. Olhando para trás, ela riu com a decepção, mas expressou descrença de que qualquer pessoa pudesse realmente esperar que ela parecesse o tempo todo com uma fotografia bem produzida. "Eles até retiraram parte do meu quadril," disse ela dando uma risadinha, se referindo aos produtores do disco.

Eu sabia que retoques nas fotos de capas de CD eram comuns, mas não podia acreditar no alcance disso — especialmente numa gravadora cristã. Por que os cristãos perpetuam a visão de beleza mundana no modo como embalamos e comercializamos CDs, livros, revistas e conferências que deveriam ser usados como ferramentas ministeriais? Por que não podemos deixar que as mulheres sejam belas como são?

Não ensinamos a verdade sobre a beleza divina para as adolescentes mostrando a elas como usar maquiagem e como combinar as roupas ou incentivando-as a se absterem dessas coisas. Ao contrário, temos que ensiná-las que a beleza está na alma de cada uma delas. Temos que ensiná-las que os seus corpos são o templo do Deus vivo e que a verdadeira beleza pode ser desfigurada e perdida por aquilo que fazem com o seu corpo.

Por que não estamos zangadas com a destruição que Satanás traz para as vidas das jovens? Quando sairemos do nosso poço de insegurança, nos agarraremos à verdade sobre a beleza divina em nossas próprias vidas, e plantaremos apaixonadamente esta mensagem nas vidas das garotas? Ao invés de lutarmos para alcançar um corpo de modelo, precisamos ser a figura modelo.

Nós que somos mães, devemos perceber que nossos filhos estão nos observando e ouvindo. Eles observam como reagimos à nossa própria beleza e repetirão o modelo que virem. Se compreendermos a verdadeira fonte da nossa beleza estaremos em condições de ajudar nossas filhas a ouvirem a mensagem.

A mídia não é a única influência sobre os nossos filhos, como destacou Nicole Johnson:

> Quando a sua filha de 12 anos e 40 kg começa a ficar obcecada com o peso ou quer fazer uma dieta, está acontecendo algo errado. Pode ser que não seja uma falha completa do mundo. Sim, elas vão para a escola e são bombardeadas pela mesma mídia que nós, mas será que somos um exemplo de amor e aceitação de nós mesmas? Se rejeitamos a nós mesmas ou nossa beleza, é melhor nos prepararmos para ver nossas filhas agirem da mesma forma.[18]

Se ridicularizarmos constantemente o nosso próprio visual e nossas capacidades, como as nossas filhas podem acreditar em nós ao dizermos que elas são bonitas e que Deus tem um plano para a vida delas? Da mesma forma, quaisquer que sejam as mensagens sobre a beleza que vivenciamos em nossos lares, nossos filhos as absorverão. Se o nosso objetivo é tentar alcançar a perfeição física, como poderemos ensinar os nossos filhos a amarem e valorizarem a alma de uma mulher mais que o seu corpo?

Todas as mulheres cristãs são um exemplo para as garotas ao seu redor. Não podemos nos eximir de nossa responsabilidade dizendo que não temos o dom de trabalhar com crianças ou adolescentes. Deus nos concede sabedoria e capacidade para vivenciarmos a Sua mensagem de beleza pelo poder do Espírito Santo. Antes de subir aos céus, Jesus lembrou aos discípulos sobre essa provisão quando disse: "mas recebereis poder, ao descer sobre vós o Espírito Santo, e sereis minhas testemunhas tanto em Jerusalém como em toda a Judeia e Samaria e até aos confins da terra" (Atos 1:8). A capacitação do Espírito Santo está disponível, não somente para apresentar a salvação para cristãos em potencial, mas também para proclamar aquilo que Deus está fazendo em nossas vidas diariamente. Não precisamos ficar imaginando como falaremos a verdade — o Espírito Santo vai nos ungir para declararmos as boas-novas da beleza divina, que dá vida.

Entretanto, temos que investir tempo construindo relacionamentos. É fácil ficar à margem e criticar as escolhas feitas pelas gerações seguintes. Quando respondemos às jovens amando-as e investindo na vida delas, elas reagirão às palavras que falarmos.

Pense no relacionamento de Isabel, a mãe de João Batista e Maria, a mãe de Jesus. Maria era uma adolescente em um momento crucial da sua vida. Após receber a mensagem do anjo ela procurou a companhia de uma parenta mais idosa e confiável. A ligação entre Isabel e Maria colocou Isabel numa posição para ser usada por Deus na vida de Maria. As Escrituras não nos dizem que Isabel foi treinada para se comunicar com adolescentes. Ela simplesmente obedeceu a Deus e isso era suficiente.

Isabel e seu marido, "Ambos eram justos diante de Deus, vivendo irrepreensivelmente em todos os preceitos e mandamentos do Senhor" (Lucas 1:6). Quando Isabel teve a oportunidade de falar, o Espírito Santo a impeliu no que devia dizer:

> "Ouvindo esta a saudação de Maria, a criança lhe estremeceu no ventre; então, Isabel *ficou possuída do Espírito Santo*. E exclamou em alta voz: Bendita és tu entre as mulheres, e bendito o fruto do teu ventre!" (Lucas 1:41-42, formato em itálico acrescentado).

Isabel não discutiu com Deus insistindo que ela não tinha nada em comum com uma adolescente. Ela, simplesmente, declarou as palavras inspiradas pelo Espírito Santo.

> Quando ouviu a saudação de Maria, a criança que Isabel carregava estremeceu no seu ventre, e Isabel exclamou: "Bendita és tu entre as mulheres, e bendito o fruto do teu ventre!" Mais tarde Isabel disse: "Bem-aventurada a que creu, porque serão cumpridas as palavras que lhe foram ditas da parte do Senhor" (Lucas 1:45). Isabel reconheceu que o filho que Maria carregava em seu ventre era o Salvador do mundo; ela enxergou com olhos espirituais que Maria carregava a Semente incorruptível.

Nós mulheres, atualmente não carregamos literalmente o Cristo infante dentro de nós, mas carregamos verdadeiramente, a semente incorruptível de Cristo. Fomos "regenerados não de semente corruptível, mas de incorruptível, mediante a palavra de Deus, a qual vive e é permanente" (1 Pedro 1:23). Quando nos tornamos cristãs, Deus planta a Semente incorruptível da Palavra em nós e faz nascer o ministério de Cristo em nossas vidas. O poder atuante do Espírito Santo em nossas vidas deve vibrar dentro de nós à medida que reconhecemos a semente presente nas vidas das jovens que estão ao nosso redor.

Gerações de jovens precisam do amor e do aconselhamento de mulheres que desejam apaixonadamente conhecer e vivenciar a beleza divina. Não podemos proteger totalmente as nossas filhas da influência da cultura, mas podemos reconhecer e admitir a verdadeira beleza delas e a nossa. A mensagem começa em nossos lares, igrejas e comunidades. A mensagem começa conosco. Se não assumirmos a causa e levarmos as jovens ao entendimento íntimo do plano de Deus para a vida delas, os valores da cultura mundana irão varrê-las para o caos.

Somos ingênuas quando esperamos que os valores da cultura mundana considerem atentamente as nossas vozes de intimidação e mudem a mensagem que enviam. As nossas vozes são apenas um sussurro no clamor do mundo. Porém, o que está contra nós, não muda a nossa missão. Ame as jovens ao seu redor e ensine-as a verdade sobre suas vidas. Não desanime. Percorra junto esta estrada rumo à verdadeira beleza. E quando a vida trouxer curvas inesperadas em nossa jornada, não temeremos, porque Deus estará conosco.

Aos Olhos do Pai
Reflexão Pessoal

Quais mensagens a mídia popular está enviando para as jovens? Dê exemplos específicos.

Quais as evidências que fazem você perceber que as mensagens estão alcançando as jovens, com as quais você interage?

Por que é tão perigoso para as mulheres, jovens e mais maduras, acreditarem na mensagem, de que a beleza feminina vem da sua sexualidade?

Como a valorização exacerbada da sexualidade feminina afeta as meninas que ainda não chegaram à adolescência?

Quais as mensagens, a respeito da beleza, que as cristãs famosas transmitem às jovens através de palavras e atitudes?

Pense na história de Rute, uma jovem disposta a deixar para trás tudo que lhe era familiar, fixar residência numa terra estrangeira e viver entre um povo com o qual ela não tinha qualquer ligação anterior (além da sua sogra Noemi).
Rute disse a sua sogra,

> "Não me instes para que te deixe
> e me obrigue a não seguir-te;

porque, aonde quer que fores, irei eu
e, onde quer que pousares, ali pousarei eu;
o teu povo é o meu povo,
o teu Deus é o meu Deus.
Onde quer que morreres, morrerei eu
e aí serei sepultada;
faça-me o SENHOR o que bem lhe aprouver,
se outra coisa que não seja a morte me separar
de ti" (Rute 1:16-17).

Deus era mais importante para Rute do que a sua própria cultura, com a qual estava familiarizada, porque ela acreditava que o Deus de Noemi era o Deus verdadeiro, e ela creu nisso porque viu a atuação do Espírito do Deus vivo na vida de Noemi.

Se quisermos que as jovens creiam que Deus é mais importante que a cultura mundana, o que elas precisam ver em nós?

Como a disposição de Noemi em aconselhar Rute influenciou sua história de redenção? (Veja Rute 4:17 e Mateus 1:5-6,16).

Quando se trata da compreensão da definição de beleza divina você pode dizer para as jovens ao seu redor: "Sede meus imitadores, como também eu sou de Cristo" (1 Coríntios 11:1) e "Mantém o padrão das sãs palavras que de mim ouviste com fé e com o amor que está em Cristo Jesus" (2 Timóteo 1:13)? Quais as lições sobre beleza que você está ensinando através das suas palavras e atitudes?

Nove

Sobre a Face

O NOME DELA é beleza. Fazendo as nossas rondas de visitas pastorais, meu marido e eu entramos no seu quarto no sexto andar do hospital local. Ouvimos dizer que ela está sentindo muitas dores. À porta, conseguimos vê-la do outro lado do quarto. Ela acabou de se acomodar numa cadeira com o auxílio de uma enfermeira que sai do quarto, quando entramos. Vim preparada para encorajá-la e orar com ela, mas eu estava despreparada para o que vi.

A beleza dela me impressiona.

Está vestida com a camisola do hospital "sempre na moda", não está usando qualquer maquiagem e o seu cabelo está despenteado. A náusea que sentia começa a ceder. A dor ainda está presente. Ainda assim a beleza que a cerca me deixa com uma impressão duradoura. Eu me inclino perto da sua cadeira e digo: "Você está linda, e eu estou falando sério."

Ela responde com um sorriso forçado, como se dissesse: "Sim, com certeza."

A sua descrença sobre a própria beleza ultrapassa a ansiedade pelo uso da camisola de hospital e da aparência desleixada. Para derrotar o câncer que invadia seu corpo, ela havia acabado de retirar os dois seios. Lutando com o que esta mudança trará em sua vida, ela sente tudo, menos sua beleza. Numa sociedade na qual os seios são considerados uma das características que define a beleza feminina, a sua autoimagem foi inexoravelmente modificada.

Ela perdeu o lugar onde os seus filhos foram amamentados quando bebês. Será que ela ainda é uma mulher? Ela perdeu uma parte do corpo que ajudou a definir sua sexualidade. Será que ela ainda é uma mulher? Ela perdeu o senso de controle sobre o seu próprio corpo à medida que ele luta contra si mesmo. Será que ela ainda é uma mulher?

Eu nunca tinha olhado para uma pessoa que estava se recuperando de uma cirurgia e sentido tal presença de beleza. A beleza dela não está num traje bem combinado, no penteado estiloso ou na maquiagem impecável. E ainda assim a beleza inegavelmente está lá. Quando lhe digo que ela está linda, meu marido diz: "Eu estava pensando a mesma coisa." É claro que tampouco ela, acredita nele. Ela pensa que estamos somente tentando fazê-la sentir-se melhor. Porém, mais tarde naquela noite, enquanto conversávamos sobre a visita, ficamos maravilhados pela beleza que vimos nela.

Em um dos seus momentos de maior fraqueza, Deus escolheu revelar-se através dela. O Espírito Santo sussurrou: "Diga o que você vê."

Eu vejo beleza.

Ela se apoia em seu Salvador e encontra graça. Sabendo que somente Deus pode sustentá-la, ela está diante do medo e decide não desistir. Ela reconhece que as coisas de Deus são as únicas que importam. Buscando as coisas de Cristo, ela vive uma vida de integridade. Ela é uma lutadora, uma sobrevivente, uma mulher de força.

Ela é a beleza.

O NOME DELA é beleza. Dona de casa, mãe de duas crianças, alta e magra. Não parecia que ela lutava com a própria autoestima. Porém ela questiona a sua beleza.

Doze anos de casamento. Um dia ele decide ir embora. Outra mulher. Promessas quebradas. Matrimônio rompido. Coração partido.

Poucas semanas após a partida dele, o caminho dela se cruza com o meu numa livraria. "Eu me sinto como se tivesse vivido uma mentira," disse ela, as lágrimas rolavam suavemente pelo seu rosto. "Todos estes meses e não sabia a verdade."

Meu coração sofre por ela e não consigo imaginar a dor causada pelo engano e traição.

Abandonada por aquele que prometeu amá-la e cuidar dela até a morte, ela está sozinha. Será que ela ainda é uma mulher? Tudo o que ela sabia era ser uma esposa e agora ela não é mais. Será que ela ainda é uma mulher? Aquele com o qual ela se tornara um, entregara-se a outra. Será que ela ainda é uma mulher?

Três meses depois, nos encontramos novamente de modo inesperado. Meus filhos e eu estávamos na biblioteca para a hora da história. Quando entro na área de leitura, eu a vejo sentada à mesa, com os livros espalhados diante dela, profundamente envolvida com a tarefa que tem nas mãos. Cumprimentando-a, pergunto como ela está.

"Com a força de Deus, eu estou conseguindo," responde ela com um leve sorriso. Ela explica como está aprendendo a tomar uma porção de decisões que lhe foram confiadas. Ela decidiu retomar os estudos. Naquele dia ela estava estudando para uma prova. O seu rosto se ilumina enquanto ela fala sobre como Deus tem suprido as suas necessidades financeiras, provendo tudo, de um tênis novo a um carro usado. "Deus é tudo que tenho agora," afirma ela com muita tranquilidade.

E Ele é suficiente.

Outra mulher, um novo momento, outro retrato de beleza.

Ela escolheu permitir que Deus usasse as peças partidas da sua vida para criar algo lindo. O Espírito Santo sussurra: "Diga o que você vê."

Eu vejo beleza.

Ela se apoia em seu Salvador e encontra graça. Sabendo que somente Deus pode sustentá-la, ela está diante do medo e decide não desistir. Ela reconhece que as coisas de Deus são as únicas que importam. Buscando as coisas de Cristo, ela vive uma vida de integridade. Ela é uma lutadora, uma sobrevivente, uma mulher de força.

Ela é a beleza.

O NOME DELA é beleza. Esposa de uma figura pública, ela aprendeu que as pessoas depositam grandes expectativas sobre quem ela deveria ser, como deveria agir e como deveria ser sua aparência. Agora aos 54 anos ela sente que a pressão para satisfazer estas expectativas está aumentando.

Entretanto, ela jamais perde o ar da graça que a cerca. Outras mulheres recebem conforto por estarem ao seu redor. Em diversas ocasiões — quando me sentia solitária, inadequada e fraca — um sorriso ou um abraço dela me fazia lembrar que era amada. Porém, não é apenas o seu amor que eu sinto. Os abraços e sorrisos dela refletem um amor maior. O amor do Seu Pai. O amor do meu Pai.

Ela é minha mentora, minha amiga e ela é linda. Ela é o tipo de mulher que eu quero ser quando for mais madura. Quando nos encontramos rapidamente na igreja, nas manhãs agitadas de domingo, muitas vezes eu lhe digo que ela está linda. Parece que ela nunca fica imaginando quem é ou a que lugar pertence. Com certeza, sendo a mulher piedosa que é jamais questionou seu significado ou sua beleza. Contudo, há dias em que ela sente a pressão das suas próprias expectativas.

E, portanto, eu lhe digo que ela é linda — porque ela é.

Quando a encontrei pela primeira vez há quase nove anos, eu a via como um pilar de força, uma mulher cuja fé permanecia inabalável diante da transformação. Ainda assim, ela é uma mulher de carne e osso. Ela chora, ri, imagina, busca e anseia.

E a vida muda.

Entrando num dos períodos de mudanças mais drásticas na vida de toda mulher, ela se descobre lutando com as tarefas e emoções cotidianas. A exaustão pesa sobre ela tanto física quanto emocionalmente. Ela pergunta a Deus quando se sentirá como ela mesma outra vez.

Alguns dias, ela ouve apenas o silêncio.

As suas emoções estão agitadas e turbulentas. Ela chora. Será que ela ainda é uma mulher? Todas as lembranças de que seu corpo poderia produzir vida se foram. Será que ela ainda é uma mulher? Suores noturnos, ondas de calor — o seu corpo não é mais o mesmo. Será que ela ainda é uma mulher?

Nove anos depois, eu ainda a vejo como um pilar de força, uma mulher cuja fé permanece inabalável diante da transformação. O Espírito Santo sussurra: "Diga o que você vê."

Eu vejo beleza.

Ela se refugia em seu Salvador e encontra graça. Sabendo que somente Deus pode sustentá-la, ela está diante do medo e decide não desistir. Reconhece que as verdades de Deus são as únicas que importam. Buscando a Cristo, ela vive uma vida de integridade. Ela é uma lutadora, uma sobrevivente, uma mulher de força.

Ela é a beleza.

A JORNADA RUMO ao entendimento de quem somos em Cristo é simplesmente isso — uma jornada. A cada dia que vivemos nos tornamos mais parecidas com Cristo. Da mesma forma, compreender a nossa beleza através do olhar divino é uma jornada. A cada momento enfrentamos a escolha de nos enxergarmos, através da perspectiva mundana ou da perspectiva divina. Em muitos dias ansiamos pelo término da jornada, o lugar onde jamais lutaremos, para amarmos a nós mesmas novamente. Apesar disso, ainda não chegamos lá, seguimos em frente.

Paradas ao longo do caminho transformam nossas vidas. Quando Deus começou a restaurar a minha autoimagem quebrada, eu esperava que nunca mais tivesse que lutar para compreender a minha beleza. Porém, através das minhas experiências pessoais e observando outras mulheres aprendi que encontrar a minha beleza em Cristo é um processo que dura para sempre. Em alguns dias a nossa beleza em Cristo é evidente. Em outros, ela é engolida pela escuridão, e oramos por olhos de sabedoria que nos ajudem a enxergá-la — sabedoria para o momento, sabedoria para o futuro, quando mudanças inevitáveis chegarão.

Em seu romance futurista *Admirável Mundo Novo*, Aldous Huxley retrata uma sociedade que, entre outras coisas, se recusa a envelhecer. Vendo a velhice como "repulsiva,"[1] o povo no mundo de Huxley "mantém as secreções [dos membros] artificialmente balanceadas num equilíbrio de juventude dando-lhes transfusões de sangue jovem [...] e mantendo o seu metabolismo permanentemente estimulado."[2] Quando uma mulher se descobre separada da sociedade estabelecida e dos seus processos artificiais, o seu corpo passa pelo processo natural (para nós) de envelhecimento. Quando ela retorna ao admirável mundo novo onde as mulheres mantêm a beleza através de melhoramentos e estimulantes sintéticos, ela é rejeitada e abandonada para morrer sozinha, pois

> ninguém tinha o menor desejo de ver Linda [...] e esta era de longe a razão mais forte pela qual as pessoas não queriam ver a pobre Linda — lá estava a sua aparência. Gorda, havia perdido a sua juventude; com dentes feios, uma pele manchada e aquela figura [...] você simplesmente não podia olhar para ela sem se sentir doente, sim, definitivamente doente. Portanto, as melhores pessoas estavam determinadas a não ver Linda.[3]

Tomando soma, uma droga ansiolítica que produz um desligamento infinito da realidade, Linda foge de um mundo que não a acolheria.

Escrito em 1932, a previsão de Huxley continua verdadeira. Nós rejeitamos veementemente o processo de envelhecimento e proclamamos com voracidade o sucesso daquelas que, aparentemente escaparam das marcas físicas do tempo. Nós buscamos o visual eterno através dos liftings de rosto, cremes milagrosos e medicamentos fitoterápicos — ou através de equipamentos modernos e pílulas miraculosas do mundo de Huxley — certamente não silenciamos nossos anseios de conquistar a juventude eterna. Muitas vezes, nós até mesmo validamos tal busca pela admiração que sentimos por uma mulher na casa dos 60, que mantém a aparência de uma jovem de 20 anos. Aceitamos e rejeitamos a nós mesmas e aos outros com base na aparência. Não podemos ver além do externo. Talvez, acreditemos que se nos apegarmos ao nosso ideal mundano de juventude e beleza, poderemos nos tornar o ídolo de beleza eterna, que adoramos.

Mas ainda assim. Os nossos seios caem e as rugas aparecem. A vida se modifica e os nossos corpos se transformam. Não importa o quanto desejemos, nada pode trazer de volta o rosto e o corpo que tínhamos dez anos atrás, nem qualquer nível de autodepreciação pode nos trazer o corpo ou o rosto que sempre sonhamos.

Contudo, existe uma verdade imutável.

O amado das nossas almas nos deseja apaixonadamente. A beleza deste mundo vai desaparecer, mas a dele é eterna. Nenhuma quantidade de roupas e acessórios satisfará o nosso anseio pela beleza. As nossas medidas corporais não podem revelar a profundidade da nossa verdadeira beleza. Nenhum penteado ou característica física é indicativo do potencial divino para nossas vidas. Somos escolhidas, chamadas, separadas para Sua glória. O destino de Deus para as nossas vidas não está em algum lugar desconhecido, escondido. Nosso destino está em um relacionamento com aquele que nos chama de Suas. Nosso destino está na jornada para conhecer a verdadeira beleza, a jornada para conhecê-lo.

Muitas vezes as mulheres recorrem ao livro de Provérbios para encontrar um retrato detalhado de uma mulher piedosa. Provérbios 31:10-31 é rico em seu retrato da vida e do caráter de uma mulher que busca o coração de Deus, mas Provérbios também apresenta outra mulher de verdadeira beleza espiritual.

Ela é mais desejável que os melhores tesouros (Provérbios 3:14-15). Ela traz felicidade para aquelas que a procuram (Provérbios 3:13), e honra aquelas que a abraçam (Provérbios 4:7-8). O seu nome é Beleza. O nome dela é Sabedoria.

A sabedoria nos revela a verdadeira definição de beleza e através dela vemos a inutilidade da beleza mundana. O mundo perverte o que Deus criou em pureza, quando diz às mulheres que a beleza é definida pela capacidade de conquistar um padrão culturalmente estabelecido de perfeição física, ou pela capacidade de ser sexualmente provocante. Porém, a sabedoria restaura a pureza da beleza; e é esta pureza, esta capacidade de ver além do mundo, que torna a beleza da sabedoria tão valiosa, pois não pode ser comprada com a riqueza mundana.

Para o nosso detrimento, o mundo fez da sexualidade e da aparência física a soma total da identidade feminina. Na mente de Deus, entretanto, as mulheres são um presente. As Escrituras dizem: "E a costela que o SENHOR Deus tomara ao homem, transformou-a numa mulher *e lha trouxe*" (Gênesis 2:22, formato em itálico acrescentado). Não somos um pensamento posterior. Tudo a nosso respeito foi desenhado por Deus para refletir a Sua glória. A beleza e a sexualidade de uma mulher — conforme proposto por Deus — são elementos de quem ela é, mas não a totalidade. Ao permitirmos que Deus defina a nossa beleza e sexualidade, o Seu poder inerente trará vida àqueles que estão ao nosso redor. Contudo, quando nós, voluntariamente, removemos nossa beleza e sexualidade do propósito planejado por Deus, eles permanecem fortes, mas se tornam destrutivos.

Falhamos em perceber que não controlamos o poder da nossa beleza ou sexualidade quando as usamos fora do propósito planejado por Deus. Usar a beleza e a sexualidade para obter poder provoca a escravidão, não a liberdade; a derrota — não a vitória. Ao invés disso, precisamos adquirir a sabedoria que destravará o poder da beleza e da sexualidade projetada por Deus, e nos libertar para usar e desfrutá-las como Deus planejou:

> "Meu é o conselho e a verdadeira sabedoria, eu sou o Entendimento, minha é a fortaleza. Por meu intermédio, reinam os reis, e os príncipes decretam justiça. Por meu intermédio, governam os príncipes, os nobres e todos os juízes da terra. Eu amo os que me amam; os que me procuram me acham" (Provérbios 8:14-17).

A sabedoria nos guia para vivenciarmos o projeto de Deus para a beleza e, portanto, a sabedoria permite que o poder de Deus flua através de nós. O verdadeiro poder resulta de nossa busca por sabedoria e beleza divina.

A beleza da sabedoria resiste às mudanças da vida e a passagem do tempo: "Desde a eternidade fui estabelecida, desde o princípio, antes do começo da terra" (Provérbios 8:23). Quando Deus chamou o mundo à existência, a sabedoria e a beleza formaram as fundações. Por que perseguimos então a beleza frágil e destruída deste mundo?

Encontre a sabedoria e deixe que ela lhe ensine como silenciar as vozes que não refletem a verdade, de quem você é em Cristo. Ouça a voz de Deus quando Ele a chama de, minha amada.

Encontre a sabedoria e deixe que ela lhe ensine a amar a mulher que Deus criou ao planejar você. Permita-lhe ensinar a permanecer em reverência e espanto diante da maravilhosa obra da mão de Deus, quando Ele a criou.

Encontre a sabedoria e deixe que ela lhe ensine como tratar seu corpo como o templo de Cristo. Saiba que você é um santuário para aquele que é o seu refúgio.

Encontre a sabedoria e deixe que ela lhe ensine a se colocar num lugar onde a perspectiva é correta. Quando você a buscar, ela guardará a sua mente e transformará seus pensamentos.

Encontre a sabedoria e permita-lhe ensinar como deixar que seu marido desfrute do corpo da esposa da sua juventude, não do corpo jovial da sua esposa. Deixe-o ter prazer em você — verdadeira genuína e única — com seios caídos, gordurinhas, pneuzinhos e tudo.

Encontre a sabedoria e deixe que ela lhe ensine que sua vida mudará e seu corpo também. Permita-lhe lembrá-la que você serve a um Deus imutável que a amou desde a fundação do mundo.

A sabedoria a chama "grita na rua a Sabedoria, nas praças, levanta a voz; do alto dos muros clama, à entrada das portas e nas cidades profere as suas palavras" (Provérbios 1:20-21). À medida que você busca a Cristo, procure a sabedoria, pois "se buscares a sabedoria como a prata e como a tesouros escondidos a procurares, então, entenderás o temor do SENHOR e acharás o conhecimento de Deus" (Provérbios 2:4-5). Como Salomão, o mais sábio de todos os homens, sabia: "Enganosa é a graça, e vã, a formosura, mas a mulher que teme ao SENHOR, essa será louvada" (Provérbios 31:30).

Talvez Salomão estivesse fazendo uma alusão às palavras do antigo livro de cânticos de Israel: "O temor do SENHOR é o princípio da sabedoria; revelam prudência todos os que o praticam. O seu louvor permanece para sempre" (Salmo 111:10).

Deus não nos admoesta a buscar sabedoria para depois escondê-la de nós. Ele está disposto a dar sabedoria para quem estiver disposto a obedecer aos Seus mandamentos. E para aqueles que estão dispostos a pedir, Deus está esperando para nos dar o dom da Sua sabedoria — sabedoria para o momento, para as mudanças e sabedoria para a vida.

Prepare-se para a jornada. Permita que a Sua beleza envolva seu corpo em camadas suaves e que a Sua paz seja a coroa para sua cabeça. Calce a Sua sabedoria para guiar cada passo. Finalmente sorria, pois você não está só nesta jornada.

Uma mulher comum, ela serve a um Deus extraordinário. Em seus momentos de maior fraqueza, Deus se revela através dela. Ela escolheu permitir que Deus usasse as peças partidas da sua vida para criar algo lindo. Ela é um pilar de força, uma mulher cuja fé permanece inabalável, diante da mudança. O Espírito Santo sussurra: "Diga o que você vê."

Eu vejo beleza.

Ela se apoia em seu Salvador e encontra graça. Sabendo que somente Deus pode sustentá-la, ela está diante do medo e decide não desistir. Reconhece que as coisas de Deus são as únicas que importam. Buscando as coisas de Cristo, vive uma vida de integridade. É uma lutadora, sobrevivente, uma mulher de força.

Ela é a beleza.

Ela é você.

Aos Olhos do Pai
Reflexão Pessoal

Quais as mudanças que você experimentou em sua vida que influenciaram (tanto positiva quanto negativamente) a sua compreensão de beleza? Explique como cada uma destas mudanças afetou a sua autopercepção.

Escreva as palavras de Tiago 1:5.

Leia Tiago 3:17. Quais os sinais que acompanham a sabedoria de Deus?

> "...e todo homem hábil a quem o Senhor dera habilidade e *inteligência* para saberem fazer toda obra para o serviço do santuário..." (Êxodo 36:1, formato em itálico acrescentado. Para um estudo complementar, leia Êxodo 31:3b; 35:26-31). No Antigo Testamento, o tabernáculo foi construído através da obra do Senhor à medida que Ele capacitou os artesãos com a sabedoria do Espírito Santo em seus esforços. O tabernáculo era um lugar de adoração e beleza. Os artesãos trabalharam para construir um lugar no qual o Espírito do Senhor habitasse. Embora todos fossem artesãos habilidosos, para compreenderem as suas habilidades é

necessário saber que compartilhavam — a sabedoria do Espírito Santo. A beleza do tabernáculo era o resultado natural da disposição deles em usar os dons dados por Deus, para adorá-lo. Adoração em busca de sabedoria encontra a beleza. É assim também em nossas vidas. À medida que buscamos adorar ao Senhor, o Espírito Santo nos concede sabedoria e nossas vidas se tornam um lugar de beleza, um santuário para o Espírito do Deus Vivo.

Escreva uma oração pedindo a Deus que use as peças quebradas da sua vida para criar um lugar de beleza, um santuário para adorá-lo.

Enquanto você prossegue na jornada, lembre-se: "Estou plenamente certo de que aquele que começou boa obra em vós há de completá-la até ao Dia de Cristo Jesus" (Filipenses 1:6).

Notas

Capítulo 1 – A beleza mundana

1. Walt Muller, YouthCulture@Today Newsletter, *What you See Is What I Am* (O que você vê é o que eu sou), Primavera 2001,18.
2. Stephen Crane, *I Saw a Man Pursuing* (Eu Vi um Homem Perseguindo), *American Literature: The Makers and the Making* (Literatura Americana: Os que Fazem e os que Fizerem), eds. Cleanth Books, R.W.B. Lewis, e Robert Penn Warren (Nova York: St. Martin's Press, 1973),1652.
3. Mary Pipher, PhD. *O Resgate de Ofélia,* Martins Fontes,1998.
4. Ibid.
5. Alex Witchel, *Everybody Loves Patricia* (Todos Amam Patrícia), Ladies Home Journal, Março 2003,126.
6. Guthrie Motyer, Stibbs, Wiseman. eds., *The New Bible Commentary: Revised* (O Novo Comentário Bíblico: Revisado); (Grand Rapids, Michigan: Wm. B. Eerdmans Publishing Co.,1970),1264.
7. William Wordworth, *The World Is Too Much with Us* (O Mundo Está Demais Conosco) The Norton Anthology of English Literature, 5.ª ed. M.H. Abrams (Nova York: W. W. Norton & Co,.1986.

Capítulo 2 – Vozes externas

1. Sandra Cisneros, *A Casa de Mango Street*; (Rinoceronte Editora, 2008).

Capitulo 3 – Vozes internas
1. Nicole Johnson, *A Fresh Brewed Life* (Uma Vida Recém-formada); (Nashville: Thomas Nelson Publishers, 1999),38.
2. T. S. Elliot, *A Canção de Amor de J. Alfred Prufrock*, Editora Assirio & Alvim,1985.

Capítulo 4 – Espelho, espelho meu
1. Nicole Johnson, *A Fresh Brewed Life* (Uma Vida Recém-formada],69.
2. F. Scott Fitzgerald, *The Great Gatsby* (O Grande Gatsby) (Nova York: Simon & Schuster, 1953),110-111.
3. Marvin Wilson, *Our Father Abraham: Jewish Roots of the Christian Faith* (Nosso Pai Abraão: As Raízes Judaicas da Fé Cristã); (Grand Rapids, Michigan: Wm. B. Eerdmans Publishing Co., 1989),13,15.

Capítulo 5 – Ídolos e templos
1. Nathaniel Hawthorne, *A Letra Escarlate* (Editora Martin Claret,2007).
2. Abraham Wright, *"Psalm 139," Psalms* ("Salmo 139", Salmos) (Grand Rapids: Kergel Publications, 1968),640.

Capítulo 6 – Uma nova perspectiva
1. John Keats, *Ode on a Grecian Urn* (Ode a uma Urna Grega) The Norton Anthology of English Literature,823.
2. *Identity* (Identidade), *Webster's Ninth New Collegiate Dictionary,*1989 ed.

3. Guthrie Motyer, Stibbs, Wiseman. eds., *The New Bible Commentary: Revised* (O Novo Comentário Bíblico: Revisado),1039-1040.
4. Emily Dickinson, *The Soul Selects Her Own Society* (Uma Alma Seleciona a sua Própria Sociedade) American Literature: The Makers and the Making,1243.

Capítulo 7 – Meu corpo pós-parto

1. Charles Haddon Spurgeon *"Psalm 139," Psalms* ("Salmo 139", Salmos),637.
2. Holly Robinson, *Body Blues* (Insatisfação com o corpo) Parents Magazine, Agosto,2002.
3. Holly Robinson, *Will I Ever Have Sex Again?* (Será que Farei Sexo Outra vez?) Parents Magazine, Janeiro 2003,62.
4. Ibid.

Capítulo 8 – Uma figura modelo

1. Mary Pipher, PhD. *O Resgate de Ofélia,* (Martins Fontes,1998).
2. Mary Pipher, PhD. *O Resgate de Ofélia,* (Martins Fontes,1998).
3. Paul Robertson, *My Trip Through Seventeen* (Minha Viagem Pelos Dezessete) YouthCulture@Today Newsletter, Inverno 2002,14-15.
4. *Cosmogirl!* Abril 2003.
5. *Girls Life Magazine,* Fevereiro-Março 2003.
6. *Seventeen* Abril 2003.

7. *Cosmogirl!* Abril 2003.
8. *Teen Vogue* Abril-Maio 2003.
9. *Seventeen* Abril 2003.
10. *Cosmogirl!* Abril 2003.
11. Anúncio da *Express Clothing*. Apareceu nas vitrines da loja *Express* no *Augusta Mall* em Augusta, Geórgia, Inverno 2002.
12. Anúncio da *Express Clothing*. Apareceu nas vitrines da loja *Express* no *Augusta Mall* em Augusta, Geórgia, Primavera 2003.
13. *Teen People* Abril 2003.
14. Paul Robertson, *My Trip Through Seventeen* (Minha Viagem Pelos Dezessete),19.
15. Bárbara Walters, 20/20, ABC, Nova York, 14 de fevereiro de 2003,22:00 EST.
16. Walt Muller, *Justin and Christina: Innocence Lost or Truth Be Told?* (Justin e Christina: Inocência Perdida ou Verdade Seja Dita?) YouthCulture@Today Newsletter, Primavera 2003,2.
17. Bárbara Walters, 20/20, ABC, Nova York, 14 de fevereiro de 2003,22:00 EST.
18. Nicole Johnson, *A Fresh Brewed Life* (Uma Vida Recém-formada),81

Capítulo 9 – Sobre a face

1. Aldous Huxley, *Brave New World* (Admirável Mundo Novo), (Nova York: HarperCollins Publishers, 1946),138.

2. Aldous Huxley, *Brave New World* (Admirável Mundo Novo),111 (lançado no Brasil em 1932).
3. Aldous Huxley, *Brave New World* (Admirável Mundo Novo),153.